예배는 사업이 아닙니다

예배는 관계입니다

예배는 사업이 아닙니다
예배는 관계입니다

예수님은 사업이 아니라 신부를 위해 죽으셨다

사역은 단순한 일이 아니라 주님께 매우 개인적인 일이다

주님은 우리와 개인적인 관계를 원하신다

밥 소르기

이 **책**을 **아들**에게
바칩니다

내 아들 조엘에게

조엘, 너는 신랑이신 주님 앞에 서서 주님의 음성을 듣기로 선택하고 예수님께 자신을 헌신했으며 무엇이든 결정할 일이 있을 때마다 매번 금식하는 생활 방식을 선택했다.

이 책을 너에게 바친다. 이 책에 담긴 메시지가 너의 영혼에 큰 영향을 끼치기를 바란다. 나는 너와 며느리 안나가 내 손주들을 건강하고 행복하게 양육하는 모습이 정말 자랑스럽단다.

내 모든 사랑을 담아,

아빠가.

이 책을
추천합니다

이길우 목사

대구 영광스러운 교회의 담임 목회자이며 글로리어스 워십 대표, 토요 노방 전도 모임의 책임자로 섬기고 있다. 대표곡으로 「십자가를 참으신」, 「나의 몸을 산 제사로」, 「다니엘의 노래」 등이 있다.

밥 소르기는 어렵고 모호한 영적인 개념을 쉽고 명료하게 풀어주는 탁월한 성경 교사로 이 책에서 예배 사역자가 가져야 할 하나님 중심적인 가치와 기준을 분명하게 설명한다. 저자는 예배 사역이 자칫하면 사업이 될 수 있는 위험성이 있다고 지적하면서 본질을 지키기 위해서는 우리가 '세례요한'의 정신을 배워야 한다고 부드럽지만 단호하게 권면한다.

이 책은 예배 사역자라면 반드시 점검해야 할 가치와 태도를 다룬다는 점에서 매우 시의적절하다. 나는 모든 예배 사역자와 교회 지도자들이 이 책을 함께 읽고 고민하고 토론하면서 건강한 예배 사역의 가치와 방향을 세워가는 좋은 도구로 활용할 수 있으리라 믿어 의심치 않으며, 이 책을 반드시 읽어야 할 필독서로 추천한다.

CONTENTS

| 일 러 두 기 |

- 원서는 성경을 인용할 때 뉴 킹제임스 성경을 사용했으며, 이 책에서는 한글 성경 개역
개정판을 기준으로 필요에 따라 다양한 한글 역본을 사용 후 표기하였습니다.

- 원서는 북미 지역의 문화 기반이기 때문에 내용 중 일부가 한국 독자에게는 생소할 수
있습니다.

예배는 사업이 아닙니다
예배는 관계입니다

·
·
·
·
·

CHAPTER 1

예수님과
주님의 신부

나는 솔직히 인정하기 어렵지만 이 책의 제목을 한 영화에서 따왔다. 여러분도 종종 영화에서 아주 강렬하게 눈길을 끄는 대사를 발견한 경험이 있을 것이다. 영화 유브 갓 메일YOU'VE GOT MAIL을 볼 때 나에게도 이런 일이 일어났다. 내가 어떤 대사를 감명 깊게 느꼈는지 여러분이 이해할 수 있도록 영화의 내용을 조금 설명하려 한다.

이 영화의 여주인공은 유명한 배우 메그 라이언MEG RYAN으로 어머니에게 사업을 물려받은 뉴욕의 아동 전문 서점 주인 역할을 맡았다. 여주인공에게 서점은 돌아가신 어머니에게 물려받은 유산이자 삶의 터전이며 열정이자 미래였다. 서점을 중심으로 여주인공의 모든 삶이 돌아갔다.

이 영화의 남자 주인공은 여러분도 잘 아는 유명한 배우 톰 행크스다. 톰은 대형서점 체인을 소유한 백만장자로서 여주인공 메그의 작은 서점 바로 옆에 자기 서점 체인을 열기로 결심한다. 상황이 이쯤 되자 메그는 어머니의 유산이자 자신의 생계 수단인 서점을 지키기 위해 대형서점을 비난하는 캠페인을 시작한다.

영화가 전개되면서 흥미로운 반전이 일어난다. 톰과 메그가 아주 우연히 이메일을 주고받으며 익명의 우정을 쌓기 시작한 것이다. 톰은 자신이 누구에게 이메일을 보내는지도 모른 채 메그의 사업에 문제를 일으키는 사람을 상대하는 방법을 조언한다. 톰은 메그의 자신감을 북돋우며 전부를 걸고 경쟁자에게 저항하라고 격려하면서 이렇게 반복해서 말한다. "이건 개인적인 문제가 아니라 사업일 뿐이에요."

이 말은 곧 경쟁자를 공격하는 것이 사적인 감정 때문이 아니라 단지 현명한 사업 전략의 하나일 뿐이라는 의미이다. 일어나 싸워라! 당신의 싸움은 개인적인 것이 아니라 사업의 세계에서 살아남기 위해 반드시 해야 하는 일일 뿐이다. 톰은 메그에게 "이건 개인적인 일이 아니라 사업일 뿐이다 IT's NOT PERSONAL, IT's BUSINESS"라며 계속 되뇌라고 말한다.

얼마 지나지 않아 톰은 우연히 자신과 이메일을 주고받던 여성의 정체를 알게 된다. 그녀는 자신이 폐업시키려는 작은 서점의 주인이었다! 그리고 톰은 또 다른 한 가지 사실을 발견한다. 역설적으로 톰은 그 작은 서점의 주인인 메그와 사랑에 빠지는 중이었다! 톰은 메그를 더 알기 위해 의도적으로 가까이 하면서 많은 시간을 같이 보내기 시작한다. 두 사람의 우정이 싹트는 동안 톰은 익명 이메일의 상대방이 메그라는 사실을 알았지만, 메그는 톰이 자기와 익명 이메일을 주고받는 사람인지 전혀 눈치채지 못한다.

이제 피할 수 없는 상황이 닥친다. 메그가 운영하는 작은 서점의 손님 수가 급격하게 줄어 결국 문을 닫는다. 메그의 서점이 망한 후 톰은 자신이 메그와 결혼하고 싶어 한다는 사실을 갑자기 깨닫는다. 하지만 메그의 서점을 망하게 한 장본인인 자신이 메그의 마음을 사로잡을 수 있을까?

이런 배경에서 영화는 톰과 메그가 만나는 장면으로 이어진다. 톰은 메그에게 자신의 정체를 밝히고 서점이 망하게 한 것을 사과한다. 이런 상황에서 톰은 과연 어떤 말을 할 수 있을까? 할 말을 잃은 톰은 전에 자신이 메그에게 조언한 구호를 힘없이 말한다. "개인적인 감정은 없었어요."

메그는 이렇게 대답한다. "당신에게는 개인적인 일이 아니었겠죠. 하지만 나에게는 지극히 개인적인 일이었어요. 무슨 일이든 항상 개인적인 것에서 시작하거든요." 이 말에 톰 행크스는 말문이 막힌다.

예수님께 개인적인 일

메그의 심오한 대답은 놀랍게도 예수 그리스도의 몸 된 교회에도 적용할 수 있다. 예수님에게 교회는 그저 사업이 아니라 매우 개인적인 일이다. 예수님은 단순히 자신이 소유한 여러 행성 중 하나에서 유망한 사업을 발견한 영리한 사업가나 자산 증식을 위해 고군분투하는 기업가, 또는 새롭고 혁신적인 사업을 시도하려는 벤처 사업가가 아니다. 이런 모습과 표현 중 어느 것도 이 땅을 향한 예수님의 사명과 마음을 표현하는데 적절하지 않다.

오히려 예수님은 아버지가 약속하신 신부의 사랑을 얻기 위해 이 땅에 오신 상사병에 걸린 신랑이시다.

사랑은 사업이 아니라 개인적인 일이다.

그러므로 나는 톰 행크스가 한 말의 순서를 바꾸어 교회를 향한 예수님의 관점을 설명할 수 있다. 예수님은 우리에게 이렇게 말씀하신다.

"교회는 사업이 아니라 나와의 관계이다."

결혼의 비유

예수님은 교회에 특별한 관심이 있으시다. 우리는 주님의 신부, 요즘 표현으로 주님의 '피앙세' 혹은 약혼자로 부름을 받았다. 아직 결혼식을 치르지는 않았지만, 혼인 예식의 날이 빠르게 다가오고 있다. 우리는 주님이 정복하시려는 사업의 대상이 아니라 영원한 영혼의 동반자다. 주님은 상사병에 빠진 신부를 찾으신다. 주님과 우리 관계는 일이 아니라 개인적이다.

나는 이것을 내 아내의 남편으로서 설명할 수 있다. 나는 결혼식 날 내 아내 마시와 마치 사업계약을 하듯 결혼 서약을 하지 않았다. 나는 이런 생각으로 아내와 결혼한 것이 아니다.

"마시는 치아도 하얗고 허리도 튼튼한 용감한 여자야. 내 침대를 잘 정돈하고 맛있는 요리도 잘하고 내 옷도 수선해 주고 내 셔츠도 잘 다려줄 거야. 그리고 집도 깨끗하게 청소하고 식료품이 떨어지지 않게 잘 관리하고 예쁜 아이를 낳아주며 가정을 잘 관리해 주겠지."

그런데 나중에 알고 보니 아내는 내가 언급한 모든 일을 다 해냈다. 올바르게 표현하면, 결혼은 배우자가 인생 여정을 꾸려가는 데 필요한 모든 일을 함께 감당하는 것이다. 내가 사역 일정 때문에 집을 비울 때도 안심할 수 있는 이유는 내가 없어도 아내가 집을 잘 관리할 것을 알기 때문이다. 우리 가정이 부드럽고 원활하게 돌아가도록 헌신하는 아내에게 진심으로 감사한다.

하지만 나는 이것 때문에 아내와 결혼하지 않았다. 내가 아내와 결혼한 단 한 가지 이유는 아내를 사랑하기 때문이다. 나는 결혼해서 가정을 꾸리는 데 많은 책임이 따른다는 사실과 내 아내가 자기 능력에 알맞게 나를 도와줄 것을 알았지만 이것이 핵심은 아니다. 핵심은 내가 동업자와 결혼한 것이 아니라 사랑하는 아내와 결혼했다는 사실이다.

예수님도 마찬가지다. 예수님은 단지 집안일을 할 가사 도우미를 얻기 위해 십자가의 참혹한 공포와 처절한 고통을 견디며 자기를 버리지 않으셨다. 주님은 사랑하는 연인이자 동반자인 신부를 얻기 위해 죽으셨다.

주님은 사랑을 위해 십자가를 지셨다. 주님의 몸 된 교회와 사랑하는 신부가 예수님께 개인적인 이유는 바로 십자가 때문이다. 예수님이 십자가의 고통을 참으셨을 때 이 모든 것이 예수님께 지극히 개인적인 일이 되었다. 사람들이 손에 못을 박을 때, 그것은 더 이상 남의 일이 아니라 완전히 내 일이 된다. 그러므로 십자가에 달리는 것보다 더 개인적인 일은 없다. 십자가에서의 고통스러운 6시간 동안 예수님과 우리 관계는 완전히 개인적으로 변했다. 십자가는 더 이상 남의 일이 아니라 내 일이며, 십자가로 말미암아 다른 누군가가 아니라 내가 주님의 신부가 되었다.

더 나아가서, 예수님은 단지 군대를 모집하기 위해 이 땅에 오신 것이 아니다. 때때로 주님께 더 많은 전사WARRIOR가 필요한 것 같지만, 이미 주님은 수많은 천군 천사를 거느리신다. 주님은 엄청난 힘으로 투박한 전투 도끼를 들고 원수를 위협하는 여자와 결혼하기 위해 이 땅에 오신 것이 아니다.

사실 우리는 마지막 때에 주님과 함께 적그리스도와 그 군대에 맞서 싸우겠지만(계 19장) 우리 주된 정체성은 전사가 아니라 신부다. 성경이 우리 정체성을 나타내기 위해 사용한 마지막 비유는 '신부의 비유'였다는 것을 기억하자.

> 성령과 신부가 "오십시오!" 하고 말씀하십니다. 이 말을 듣는 사람도 또한 "오십시오!" 하고 외치십시오. 목이 마른 사람도 오십시오. 생명의 물을 원하는 사람은 거저 받으십시오. (계 22:17 새번역)

사업과 개인 사이의 경계

남자들은 사업을 할 때 다른 사업가들과 경쟁하는 것을 당연하게 여기며 한편으로는 은근히 긴장감 넘치는 경쟁을 기대한다. 그러므로 다른 사업가가 자신의 입찰가보다 낮은 가격을 제시하거나 생산량에서 앞서려 해도 기분 나쁘게 여기지 않는다. 계약을 수주하기 위해 서로 경쟁하면서도 서로 우호적인 관계를 유지하면서 같이 점심을 먹을 수 있는 이유는 경쟁이 사업의 기본 요소라는 사실을 이해하기 때문이다.

하지만 상대방이 내 아내를 유혹하려 한다면 그건 완전히 다른 차원의 문제다! 이제 문제는 더 이상 사업이 아니라 개인의 영역으로 바뀐다. 만일 누군가가 유부녀와 간통하여 남편의 분노를 일으켰다면 피해 보상금으로 그 분노를 잠재우려고 노력할 수는 있지만 대부분 별 효과가 없을 것이다. 왜냐하면 남편이 겪은 모든 고통은 단지 사업의 문제가 아니라 한 개인의 고통이기 때문에 아무리 많은 돈으로도 그 분노를 달랠 수 없기 때문이다.

남자들은 사업과 개인적인 일의 경계가 매우 분명하다. 보통 남자들은 사업상 출장에 아내와 함께 가야 할 경우, 낮에는 자기 업무에 몰두하지만 해가 지고 저녁 식사 시간이 되면 모든 업무를 제쳐두고 아내와 함께 편안하고 친밀한 분위기 속에서 저녁 시간을 보낸다. 왜냐하면 아내와 아이들과 함께하는 시간은 사업이 아니라 개인적인 일이기 때문이다.

우리가 해야 할 하나님 나라의 사업이 있다

나는 여러분이 전체적인 맥락을 이해하도록 하나님 나라에도 본질상 사업적 측면이 있다는 사실을 분명히 하고 싶다. 결론적으로 예수님은 이렇게 말씀하셨다.

내가 돌아올 때까지 장사하라. (눅 19:13)

예수님이 다시 오실 때까지 누군가는 교회 예산을 세우고 운영하면서 행사를 조직하고 사람들을 관리해야 한다. 때때로 우리는 하나님 나라의 활동을 위해 건물을 얻거나 아예 새로 지어야 할지도 모른다. 교회가 가난한 사람들에게 효과적으로 음식과 옷을 나누어 주려면 탁월한 사업 책임자가 필요하다. 하나님 나라 사업에는 연중행사, 달력, 사람, 일정, 차, 버스, 비행기, 물품 구매, 회의, 식사, 사무실, 비품, 전화, 이메일, 은행과 그 외의 다양한 것을 포함한다.

그러나 우리는 하나님 나라에 필요한 모든 사업을 하는 동안에도 이 일들을 주 예수 그리스도를 통해 하나님과 맺은 사랑의 관계 때문에 한다는 사실을 잊지 말고 기억해야 한다.

사실 예수님도 탁월한 사업가이시다. 예수님은 모든 일을 혼자서 하시는 것을 별로 좋아하지 않으시며 신부와 함께 일하는 것을 좋아하신다. 주님은 이미 신부와 함께 할 모든 일을 계획하셨다. 주님은 신부와 함께 영원히 이 땅을 통치하고 다스릴 계획이시다(계 5:10). 또한 신부를 위해 천사들과 왕들을 심판할 계획도 있으시다(고전 6:2~3, 계 2:26~27, 20:4). 그리고 사람들에게 맡기신 온 땅을 향한 청지기 직분과 통치권을 되찾아 주실 계획도 있으시다(창 1:28).

주님이 사랑하시는 신부는 이 땅에서 천 년 통치 기간뿐만 아니라 그 후로도 영원히 주님과 함께 믿기 힘들 정도로 많은 일을 할 것이다. 주님과 신부가 함께 할 일이 정말 많다!

그러나 예수님은 우리가 수많은 영광스러운 일보다 사랑 때문에 주님과 함께 하기를 원하신다. 주님은 우리가 주님과 함께 하는 동역 관계와 일들이 뜨겁게 불타는 친밀한 사랑에서 흘러나오기를 바라신다. 우리에게 언제나 가장 큰 기쁨은 사랑하는 하나님과의 관계여야 하며, 동역 관계는 그 사랑에서 흘러넘치는 친밀함에서 시작해야 한다.

예배는 사업이 아닙니다
예배는 관계입니다

· · · · ·

CHAPTER 2

신랑의
친구

세 례요한은 하나님의 자녀들에게 신부BRIDE의 정체성이
있다는 초자연적인 계시를 받았다. 세례요한은 성령님
을 통해 예수님이 신부를 위해 이 땅에 오신 천국의 신랑이시며,
자기 역할의 본질이 신랑과 신부의 거룩한 사랑을 섬기는 사람이
라는 거룩한 통찰력을 받았다.

세례요한은 이 사실을 제자들에게 이야기하면서 자신이 예수
님과 특별한 관계로 '신랑의 친구'라고 설명했다. 세례요한은 이
문구를 사용하면서 신랑과 신부는 친밀하고 특별한 관계이며 세
례요한 자신과 신랑이신 예수님과의 관계 역시 개인적인 관계라
는 사실을 하나의 그림에 담아냈다.

신부를 차지하는 사람은 신랑이다. 신랑의 친구는 신랑이 오는 소리를 들으려고 서 있다가, 신랑의 음성을 들으면 크게 기뻐한다. 나는 이런 기쁨으로 가득 차 있다. (요 3:29, 새번역)

요한은 이 구절에서 우리를 위해 비유적으로 하나님의 약속 안에 있는 사람들을 '신부'로 묘사하며 그들을 구원하기 위해 오실 메시아는 '신랑'이라고 부른다. 그리고 요한은 자신을 '신랑의 친구'라고 표현한다. 오늘날에는 신랑의 친구를 신랑 신부의 '들러리'라고 표현하기도 한다.

세례요한은 이 구절에서 예수님이 사역자들과 종들과 어떤 관계를 맺고 싶어 하시는지 성경 전체에서 가장 설득력 있는 계시를 담아 그림처럼 표현했다. 우리가 주님의 신부를 섬길 때, 주님은 우리와의 관계가 사업적인 고용관계가 아닌 우정의 관계가 되기를 원하신다.

그림 1

그림 1은 세례요한이 사용한 비유를 보여준다. 그림 오른쪽의 신랑은 왕관을 쓰신 예수님, 왼쪽의 신부는 하나님의 언약 안에 있는 사람들을 의미한다. 신부 옆에는 신랑의 친구인 세례요한이 있다. 그림을 자세히 보면 신랑과 신부 사이에 넓은 간격이 있는 것을 알 수 있다. 이 간격은 신랑이 오시기 전에 신부가 신랑과 맺은 긴 장거리 관계를 묘사한다. 신랑이 다시 오시기 전까지 신랑의 친구가 신부 곁에 서서 신부를 섬긴다.

신랑의 친구는 신랑이 오실 때를 대비하여 신부를 준비시키기 위해 신랑이 보낸 사람들이다. 신랑의 친구인 세례요한은 신부가 신랑을 맞이할 준비를 하게 하는 것이 임무였다. 신부는 신랑을 아주 오랫동안 기다린 나머지 상심한 마음으로 가득했기 때문에 신부가 다시 사랑에 눈뜨도록 기대감을 불어 넣어야 했다.

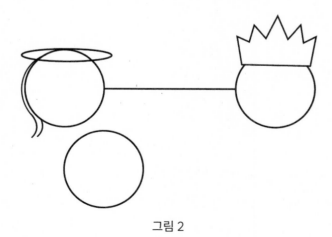

그림 2

그림 2에는 신랑과 신부를 연결하는 선이 생겼다. 세례요한의 말에 따르면 '신부를 취하는 자는 신랑'이기 때문이다. 신랑이신 예수님이 신부를 취하셨으므로 신부는 주님께 속했다. 주님은 신부의 마음, 사랑, 소망, 열정, 간절함, 충성심을 소유하신다. 신부의 마음은 주님의 손안에 있다. 신부의 감정은 때때로 요동치지만, 결정적인 순간에 신부가 정말 사랑하는 분은 오직 주님 한 분뿐이다. 또 신부의 사랑을 얻으실 분도 오직 주님 한 분뿐이다. 그리고 신부와 결혼을 약속하신 분도 오직 주님뿐이다. 결국 신랑이신 예수님이 신부를 취하신다.

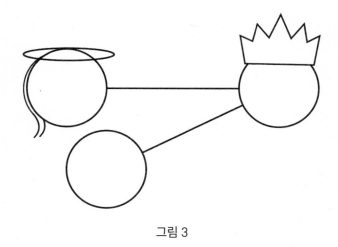

그림 3

그림 3에서는 친구와 신랑 사이에도 선이 생긴 것을 볼 수 있다. 왜냐하면 친구는 '신부의 친구'가 아니라 '신랑의 친구'이기 때문이다. 신랑의 친구에게 가장 중요한 관계는 신랑이지 신부

가 아니라는 점이 매우 중요하다. 이 삼각 구조에서 친구의 충성심은 궁극적으로 신부가 아닌 신랑을 향한다. 신랑의 친구의 가장 주된 관심사는 신부의 기대를 채우는 것이 아니라 신랑의 열망과 필요를 채우는 것이다.

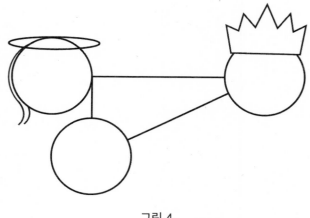

그림 4

그림 4에서는 친구와 신부 사이에 선이 생겼다. 자세히 보면 이 선은 신부와 친구를 직접 연결하지 않고 신랑과 신부의 관계를 연결한 선에 연결했음을 알 수 있다. 나는 신랑의 친구가 신부와 직접 관계를 맺지 않고 신부와 신랑의 관계가 더욱 발전하도록 노력한다는 사실을 보여주기 위해 이렇게 표현했다. 친구는 신부와 예수님의 관계를 더 견고하고 성숙하게 하려고 신부 곁에 있다.

신랑의 친구는 신부가 신랑이신 주님의 아름다움과 위대함과 탁월함을 기억하게 한다. 신랑의 친구는 신랑의 친절함, 온화함,

겸손함, 부유함, 명성, 성품, 섬김, 배려심, 지혜, 은혜, 자비, 능력과 사랑을 극찬한다. 신랑의 친구가 신랑의 이야기를 마칠 때쯤이면 신부에게는 사랑하는 신랑을 향한 그리움과 열망이 가득하다.

신랑의 친구는 사랑에 빠진 신부에게 기꺼이 진실만을 말한다. 친구는 신부에게 잘 보일 필요가 없으며 오히려 신부에게 솔직하기 때문에 신부에게 진실만을 말하는 자유를 누린다. 신랑의 친구는 신부가 듣고 싶어 하는 말이 아니라 신부가 들어야 하는 말을 한다.

이 그림의 비유에서 신랑의 친구는 두 가지 기능을 한다. 신랑과의 관계에서 친구는 사실 신부이면서 신부와의 관계에서는 신랑의 친구이기도 하다. 신랑의 친구는 정체성으로는 신부이면서 기능으로는 신부를 돕는 친구 역할을 한다. 따라서 '신랑의 친구'라는 호칭은 신부를 섬기는 역할을 가리킨다.

요약하면 신랑의 친구는 신랑을 향한 충성심으로 신부를 섬기는 사람이다. 신랑과 친구는 함께한 역사가 길고 관계가 깊으며 둘을 하나로 이어주는 사랑의 유대감이 가득하기 때문에 신랑의 친구는 신랑을 위해 기꺼이 자신의 역할을 한다.

나는 아브라함의 인생을 통해 신랑의 친구가 가진 특징을 보여주려고 한다. 곧 세례요한의 이야기로 돌아오겠지만 지금부터는 하나님의 친구 아브라함의 예를 살펴보자.

하나님이 아브라함에게 요구하신 다섯 가지

성경은 하나님이 아브라함에게 다섯 가지 명령을 하셨다고 기록한다. **첫 번째 명령**은 고향과 친척과 아버지의 집을 떠나 하나님이 보여주시는 땅으로 가라는 것이었다(창 12:1).

나는 아브라함이 하나님의 첫 번째 명령에 오랜 시간 고민하지 않았을 것으로 생각한다. 아브라함은 자신이 살던 먼지 날리는 우르에 남을지, 아니면 온 나라를 상속받고 온 땅을 축복할 미지의 땅으로 갈지 선택해야 했다. 아브라함은 장단점을 따져보고 이렇게 결심했을 것이다. "난 여기를 떠날 거야."

아브라함이 약속의 땅 가나안에 도착한 후 하나님의 **두 번째 명령**은, '그 땅을 종과 횡으로 두루 다녀보라'(창 13:17)였다. 아브라함은 하나님께 순종하여 동쪽에서 서쪽으로, 남쪽에서 북쪽으로 두루 다녔다. 그곳은 좋은 땅이었다.

하나님의 **세 번째 명령**은 '완전하라'는 것이다(창 17:1). 이 대목에서 나는 처음으로 아브라함이 잠시 머뭇거리는 모습을 떠올려 본다. 아브라함은 이렇게 생각하지 않았을까? "잠깐만요. 하나님, 계속 규칙을 바꾸시네요? 제가 우르를 떠나면 이 땅을 주신다고 하셨고 저는 순종했습니다. 땅을 둘러보는 것도 괜찮았어요. 그런데 이젠 정말 개인적인 영역까지 침범하려고 하시네요. 완전하여지라고요? 이건 제 스타일도 아닐뿐더러 제 생활 방식에 영향을 끼친다고요. 저보고 완전하여지라고요?"

나는 아브라함이 한참을 깊이 생각한 후에 이렇게 결론 내렸다고 생각한다. "뭐, 어쨌든 하나님이 내게 이 땅을 전부 주셨으니, 나에게 무언가를 요구할 권리가 있으신 건 맞지. 좋아, 나는 하나님 앞에서 완전하게 사는 데 내 마음을 바치겠어. 설마 하나님이 사람에게 이보다 더한 일을 요구하시겠어?"

하지만 하나님은 그보다 더한 것을 요구하셨다. **네 번째 명령**은 "할례를 받으라"(창 17:10)였다. 나는 아브라함이 이 명령을 듣고 또 잠시 머뭇거렸을 것이라고 확신한다. "잠시만요, 잠시만요! 또 규칙을 바꾸시네요! 이 명령은 너무 개인적이잖아요!"

여러분도 잘 알다시피 할례는 남성에게 매우 개인적인 일이다. 놀랍게도 성경은 하나님이 말씀하신 그날 아브라함이 집안의 모든 남성과 함께 할례를 받았다고 기록한다(창 17:23). 이것이 바로 하나님이 아브라함을 사랑하신 이유다. 아브라함은 하나님의 말씀에 절대적이고 즉각적으로 순종했다.

"와, 이건 정말 강렬하네!" 나는 깊이 생각에 잠긴 아브라함의 모습을 상상한다. "이거 진짜야? 내 나이가 99살인데 할례를 받으라고 하시다니 하나님 정말 너무하시네. 좋아, 할례를 받겠어. 나는 하나님을 위해서 기꺼이 희생할 거야. 이거야말로 최고의 희생이군. 설마 이보다 더한 일을 하라고 하시겠어?"

그러나 아직 아브라함을 향한 하나님의 **마지막 명령** 하나가 남아 있었다. 이 모든 일 후에 하나님은 아브라함을 시험하기 위해 말씀하신다.

"아브라함아!" 아브라함이 대답했다. "내가 여기 있나이다." 하나님이 말씀하신다. "네 아들, 네 사랑하는 독자 이삭을 데리고 모리아 땅으로 가서 내가 네게 일러준 한 산 거기서 그를 번제로 드리라" (창 22:1~2)

아브라함은 기절할 만큼 깜짝 놀랐다.

"하나님, 이젠 규칙을 바꾸시는 게 아니라 아예 경기장을 바꾸시는군요. 지금까지 하나님의 요구는 제 삶에 영향을 끼쳤지만. 이번 요구는 제 아들의 삶에 영향을 끼칩니다. 지금 하나님은 제 신학을 산산조각 내고 계세요. 하나님은 지금 저에게 살인을 저지르라고 명령하시는 겁니다! 이 명령을 제 아내 사라에게 어떻게 설명합니까?"

하나님의 마지막 명령은 아브라함을 머뭇거리게 한 정도가 아니라 아예 얼어붙게 했다. 하나님의 마지막 요구를 듣기 전까지 아브라함은 할례보다 더 개인적인 일은 생각할 수 없었다. 그러나 하나님의 마지막 요구는 할례와 비교할 수 없을 정도로 개인적인 문제였다. 독자 이삭은 아브라함의 눈에 빛이자 기적의 아이였으며 약속의 아들이었다.

아브라함의 머릿속이 복잡했다. 아브라함은 순종과 불순종 중에 어떤 선택을 해야 할까? 사실 아브라함은 순종 외에는 선택의 여지가 없었다. 하나님의 명령은 아주 노골적이고 냉혹했다. 아브라함에게는 하나님의 음성에 순종하여 외아들을 희생 제물로 바치는 것 외에는 다른 대안이 없었다.

아브라함이 하나님과의 우정을 보여준 방법

아브라함은 하나님이 자신에게 세상의 상속자가 되리라고 말씀하신 순간을 떠올렸다(롬 4:13). 아브라함은 하나님의 극적인 제안이 자신 안에 있는 부와 명예를 향한 욕망을 아주 조금이나마 자극했다는 사실을 인정했다. 아브라함은 계산적이었다. 하나님의 제안을 받아들이는 것은 사업적으로 현명한 선택이었다. 그러나 아들을 희생하라는 하나님의 마지막 명령은 아브라함 내면에 있는 모든 사업적인 계산을 날려버렸다. 이제 사업은 0%, 개인적인 일은 100%가 되었다.

성경에 기록된 아브라함의 반응은 정말 놀랍다.

아브라함이 아침에 일찍이 일어나 나귀에 안장을 지우고 두 종과 그의 아들 이삭을 데리고 번제에 쓸 나무를 쪼개어 가지고 떠나 하나님이 자기에게 일러주신 곳으로 가더니 (창 22:3, 개정)

놀라울 만큼 즉각적이고 급진적인 순종!

아브라함은 곧장 산으로 올라가서 어리둥절한 표정을 한 사랑하는 외아들을 결박하여 제단 위에 올려놓고 칼을 높이 치켜들었다. 아브라함이 아들을 죽이려고 마음먹은 그 순간, 하늘의 소리를 듣고 비로소 멈춘다.

> [11] 여호와의 사자가 하늘에서부터 그를 불러 이르시되 아브라함아 아브라함아 하시는지라 아브라함이 이르되 내가 여기 있나이다 하매 [12] 사자가 이르시되 그 아이에게 네 손을 대지 말라 그에게 아무 일도 하지 말라 네가 네 아들 네 독자까지도 내게 아끼지 아니하였으니 내가 이제야 네가 하나님을 경외하는 줄을 아노라 (창 22:11~12, 개정)

천사의 음성을 들은 아브라함은 아들을 제물로 바치는 대신 하나님이 예비하신 근처 덤불에 뿔이 걸린 숫양을 잡아 제물로 바쳤다. 나는 다음 구절을 볼 때마다 이 순간 아브라함을 향한 하나님의 감정이 정말 강렬하고 열정적이어서 하나님조차 감정을 억누르지 못하신 것 같다는 인상을 받는다. 아브라함의 헌신과 순종에 감동하신 하나님은 천국의 창고를 열어 아브라함이 상상할 수 있는 가장 풍성한 약속을 아낌없이 베푸셨다.

여호와의 천사가 하늘에서 두 번째로 아브라함을 불러 이렇게 말한다.

¹⁶ 천사가 말했습니다. "여호와께서 말씀하셨다. '네가 하나밖에 없는 아들을 아끼지 않고 나에게 바치려 했으므로, 맹세코 내가 너에게 한 가지 약속을 해주겠노라. ¹⁷ 내가 분명히 너에게 복을 주고 또 많은 자손을 줄 것이다. 네 자손은 하늘의 별처럼 바닷가의 모래처럼 많게 될 것이며, 네 자손은 원수의 성들을 정복하게 될 것이다. ¹⁸ 네가 나에게 복종하였으므로, 네 자손을 통해 땅 위의 모든 나라들이 복을 받을 것이다.'" (창 22:16~18, 쉬운)

성경은 아브라함을 '하나님의 친구, 하나님의 벗'이라고 부른다(약 2:23). 하나님과 아브라함의 우정은 바로 이곳 모리아 산에서 맺어졌다. 그리고 아브라함이 제단에서 외아들을 바친 행위는 하나님의 구원계획의 생생한 예표가 되었다.

"아브라함아, 내 사랑하는 외아들을 산에서 바칠 날이 다가온다. 너는 아들의 심장에 칼을 꽂지 않았지만, 나는 칼을 꽂아야 한다. 내가 내 아들을 산으로 데려가서 바칠 날이 다가온다. 내 아들은 온 세상의 죄를 위해 죽을 것이다. 아브라함아, 나는 내 구원계획을 이 세상에 보여줄 사람이 필요했기 때문에 네가 살아있는 예표가 되도록 요청했다. 비록 너는 내 요청의 의미를 이해하지 못했지만 내 음성에 순종하여 내 계획을 잘 보여주었다."

"아브라함아, 나는 너를 위해 요청한 게 아니라 나를 위해 요청했다. 너는 내 계획을 이루기 위해 너의 뜻과 계획을 내려놓았다. 아브라함아, 이것이 바로 우정이며 친구의 진정한 의미다. 친구는 서로를 위해 목숨을 내려놓는다. 너는 나의 진실한 친구다! 나는 이 일을 절대 잊지 않겠다."

아브라함은 자기 유익보다 하나님의 유익을 위해 섬김으로써 신랑의 진정한 친구가 되는 것이 어떤 의미인지 보여주었다.

이제 다음 장에서는 다시 세례요한의 이야기로 돌아가자.

예배는 사업이 아닙니다
예배는 관계입니다

.
.
.
.

CHAPTER 3

마지막 순간까지
개인적이다

세 례요한은 개인적인 이유, 즉 우정 때문에 신랑이신 예
수님을 섬겼다. 하지만 세례요한이 처음부터 자연스럽
게 우정으로 주님을 섬긴 것은 아니었으며 호된 시련을 통해 단
련된 결과였다. 사업가의 역할은 자연스럽게 터득할 수 있지만
신랑의 친구로 섬기는 역할은 하나님의 은혜 안에서 열심히 개발
해야 했다. 이것이 세례요한의 광야 생활의 전부였다.

하나님이 세례요한을 광야로 보내신 이유는 신랑을 섬기는
고귀한 일에 쓰임 받을만한 합당한 그릇으로 빚으시고 준비시키
기 위해서였다. 하나님은 이스라엘에서 영광스러운 일을 행하실
준비 중이었다. 이 영광스러운 일은 하나님의 외아들을 이 땅에
보내시는 것이었다. 하나님이 사람들 가운데 거하려 하셨다.

이것은 역사 속에서 그 예를 찾아볼 수 없는 영광스러운 사건이었다. 하나님은 메시아의 도래를 위해 사람들이 예비하도록 선두 주자를 세우셔야 했다. 그 선두 주자로 하나님이 선택한 사람이 바로 세례요한이었다. 그래서 하나님은 세례요한을 광야로 인도하셔서 마음을 준비시키고 단련하셨다. 광야의 길고 외로운 세월을 보내는 동안 세례요한은 금식하고 기도하며 열심히 성경을 읽었다. 하나님은 세례요한이 신랑의 진정한 친구가 될 때까지 그 마음을 다듬으셨다.

하나님은 세례요한에게 거대한 '사역의 제국'을 세우는 사업 기술을 갖춘 강력한 웅변가가 되라고 요구하지 않으셨다. 하나님은 친구가 필요하셨다. 하나님은 고용인이 시키는 대로 일하는 '종'이 아니라 하나님이 원하시는 일을 정확하게 실천할 '친구'가 필요하셨다. 하나님은 그런 친구를 얻기 위해 세례요한과 개인적인 관계를 맺으셔야 했다.

잠시 세례요한의 설교와 세례 사역에 어떤 능력이 임했는지 생각해 보자. 세례요한은 하나님의 자녀들이 불신앙에 빠져 마음이 돌처럼 단단하게 굳어졌을 때 등장해서 설교를 통해 사람들에게 큰 감동을 주어 이스라엘 사방에서 사람들이 세례를 받으려고 몰려왔다. 유대인 역사가 요세푸스의 기록이 정확하면, 한 달 평균 4만 명 이상의 사람들이 세례요한을 찾아왔다.

세례요한의 설교에 임한 기름 부음은 역사에 길이 남을 수준이었다. 세례요한의 말씀에 임한 성령님의 능력이 죄로 굳어진 사람들의 마음을 녹였다. 나는 이것을 '회개의 기름 부음'이라고 부른다. 이전에 요나 선지자도 비슷한 종류의 회개의 기름 부음이 가득한 말씀을 선포한 결과, 불경한 도시 니느웨 전체가 한꺼번에 회개한 적이 있었다.

요나에게 임한 회개의 기름 부음이 이제 세례요한의 설교에 임했다. 사람들이 이스라엘 전국에서 광야로 몰려와서 죄를 회개하고 물로 세례를 받았다. 세례요한이 미치는 영향력이 온 이스라엘을 뒤흔들었다.

하나님은 온 이스라엘을 흔들어 예수님이 오실 길을 예비하게 하려면 이 정도로 강력한 기름 부음이 필요하다는 것을 아셨다. 그러나 과연 누가 이렇게 강력한 권능을 믿을 뿐만 아니라 이렇게 놀라운 회개의 기름 부음이 점점 약해지기 시작할 때도 하나님의 구원역사를 위해 낙심하지 않고 감당할 수 있을까?

하나님은 이 막중한 부르심에 사업의 관점이 전혀 없는 특별한 그릇이 필요하셨기 때문에 세례요한을 선택하셨으며 이 부르심을 일이 아닌 개인의 부르심으로 만들기 위해 세례요한을 광야로 인도하셨다. 광야가 세례요한의 부르심을 단순히 일이나 역할이 아닌 자기 자신으로 변화시켰다.

만일 세례요한에게 어떤 종류이든 약간이라도 사업 기질이 있었다면 기름 부음의 권능이 변질되었을 것이다. 즉, 세례요한이 자신의 이익을 위해 기름 부음을 이용하려는 유혹을 받았을지도 모른다는 말이다. 하나님은 광야를 사용하여 세례요한에게서 사업적인 면들을 모두 제거하셨다. 마침내 세례요한이 하나님의 참된 친구가 되었을 때 세례요한은 자신을 이스라엘에 드러내었으며 하나님을 배신한 이스라엘을 향해 담대히 포효했다.

사역 자문 사업

세례요한은 강력한 기름 부음으로 온 이스라엘을 뒤흔들었다. 한때 이름 없는 광야의 은둔자였던 세례요한이 갑자기 엄청난 영향력을 발휘하는 인물이 되어 전국의 주목을 받았다. 세례요한의 집회에는 구름떼같은 군중이 몰려들었다. 이 사건을 보면 누구나 하나님이 이스라엘을 방문하셨다고 느낄 정도였다.

나는 세례요한이 매우 강력한 사역자라는 사실을 잘 알지만 만일 내가 그 당시에 살았고, 세례요한이 나에게 요청했다면 주저 없이 기쁜 마음으로 그의 사역을 더 크고 강하게 성장시키는 몇 가지 방법을 제안했을 것이다(물론 농담이다). 내가 아주 잘 아는 교회 성장 원리에 따르면 세례요한의 사역은 성경에 나오는 것보다 훨씬 더 크게 성장해서 더 많은 영향력을 미칠 수 있었다.

만일 나에게 기회가 주어진다면, 세례 요한에게 이렇게 조언했을 것이다.

1. 집회 장소를 인구 밀집 지역으로 옮기세요

세례요한, 당신의 집회에는 정말 강력한 추진력이 있습니다. 사람들이 사방에서 몰려드는 것을 보면 당신이 하는 일에 하나님의 은혜가 있는 게 분명해요. 하지만 몇 가지만 조금 수정하면 당신의 사역을 완전히 새로운 차원으로 끌어올릴 수 있습니다.

가장 먼저 바꿔야 할 것은 장소입니다. 당신은 '사람이 살 수 없는 땅'에 너무 오래 갇혀 있었어요. 사람들이 당신의 집회에 오려면 하나님도 버린 것 같은 이 광야에 며칠씩 먼지를 뚫고 와야 합니다. 집회 장소를 사람들과 멀리 떨어진 광야가 아니라 사람들이 많이 모이는 도심지로 옮기세요.

이렇게 외딴 광야에도 놀랍도록 많은 군중이 모이는데 만일 당신이 큰 도시에서 집회를 열면 얼마나 더 많은 사람이 참석할지 한번 생각해 보세요! 저는 당신에게 예루살렘을 추천합니다. 예루살렘에 당신의 사역 센터를 설립하면 이스라엘 전체를 뒤흔들 뿐만 아니라 주변 나라에도 큰 영향력을 미칠 겁니다. 단지 집회 장소를 바꾸는 것만으로도 당신을 향한 하나님의 국제적인 사명과 사역의 문이 활짝 열릴 겁니다.

2. 식단을 바꾸세요

형제님, 제발 좀 드세요! 지금 당신은 뼈만 남은 것처럼 앙상하다고요. 당신은 지나치게 자주 금식하고 그나마 먹는 음식들도 메뚜기와 석청뿐입니다. 구운 메뚜기와 꿀만으로는 당신의 체력을 충분히 보충할 수 없어요. 당신의 푹 꺼진 뺨과 움푹 들어간 퀭한 눈은 전혀 매력적이지 않습니다. 솔직히 말하면 약간 으스스해 보일 정도예요. 당신의 식단은 사람들이 흉내조차 낼 수 없을 정도로 지나치게 엄격합니다. 세례요한, 내 말을 들으세요. 이제 당신의 앙상한 뼈에 살을 붙여야 할 때입니다. 정상체중을 유지하면 사람들이 당신을 더 쉽게 받아들일 겁니다.

3. 옷장을 새 옷으로 채우세요

이 후줄근한 낙타털 겉옷에 가죽 허리띠는 뭔가요? 혹시 아직도 '엘리야 스타일'을 고수하시는 겁니까? 이건 90년대도, 80년대도, 70년대도, 아니 60년대 패션도 아니잖아요. 당신의 스타일은 800년 전에는 유행했을지 몰라도 지금은 너무 구식입니다. 그저 당신의 옷이 구식인 것만이 아니라 까다롭고 험악하고 불길해 보여요. 그저 당신의 존재만으로도 사람들이 주눅 들게 합니다. 보세요, 사람들이 당신과 멀리 떨어져서 냉담하게 말씀을 듣잖아요. 누가 저 사람들을 비난할 수 있을까요? 당신은 너무 깡마르고 무서워 보여요. 마지막으로 하나만 더 조언할게요.

4. 집회에 온 사람들을 모욕하지 마세요

많은 사람이 당신의 설교를 듣기 위해 며칠씩 고생하며 이 멀고 먼 광야까지 왔는데, 막상 도착하면 제일 먼저 듣는 말은 당신의 책망과 모욕입니다. 이 사람들은 당신의 사역을 세우려는 사람들이에요. 사람들이 헌신을 유지하게 하려면 더 이상 그들을 '독사의 자식'이라고 부르면 안 됩니다. 내 말은 사람들에게 거짓말하고 아첨하라는 게 아니라 그저 그들을 모욕하지 말라는 의미입니다. 세례요한, 이 4가지 단순한 절차를 따른다면 당신의 사역이 한 단계 더 발전할 것이라고 장담합니다.

내 귓가에 세례요한의 반박이 들린다.

"당신은 내 사역을 전혀 이해하지 못했군요. 나는 사역을 성장시키는 데 전혀 관심이 없습니다! 나는 더 많은 추종자를 얻기 위해 사역하는 것이 아니라 예수님을 위해 사역합니다. 당신도 아시다시피 나는 천국의 천사를 만나서 내가 세례를 줄 사람의 머리 위에 성령님이 임하실 거라는 말을 들었습니다. 머리 위로 성령님이 임하는 그분이 바로 오실 메시아입니다. 그분은 세상 죄를 지고 가시는 하나님의 어린양입니다. 나는 그분을 위해 삽니다. 이것은 단지 사업이 아니라 나에게 개인적인 일입니다."

세례요한에게 사역은 영향력을 극대화하기 위한 투자나 사업이 아니라 개인적인 일이었다. 많은 사역자가 더 많은 청중을 모으기 위해 재빨리 영리한 사업 원칙을 이용하는 시대에 사는 우리에게 세례요한의 모범은 매우 인상적이다. 오늘날 목사와 지도자들을 위한 많은 컨퍼런스가 어떻게 하면 교회를 100명에서 200명으로, 혹은 그 이상으로 성장시킬 수 있는지에 초점을 맞춘다. 우리 세대 많은 지도자의 절실한 필요는 현재의 성장 한계를 돌파하여 성도 수를 다음 차원의 출석률로 늘리는 방법이다.

과연 이 시대에 세례요한이 보여준 진정성, 즉 참된 친구이신 예수님의 다시 오심을 갈망하며 기다리는 진정성으로 돌아가자는 목소리는 어디에 있는가? 신실함으로 우리를 이끌어 줄 목소리는 어디에 있는가? 진정한 친구이신 주님의 재림을 갈망하는 진정성 있는 신랑의 친구들은 어디에 있는가?

두 사역의 충돌

세례요한은 사역을 사업으로 생각하지 않았지만, 제자들은 달랐다. 세례요한의 제자들도 겉으로는 사역을 섬기는 것 같았지만, 사실은 어느 정도 사업처럼 생각했다. 우리는 요한복음 3장의 사건을 통해 세례요한의 제자들의 생각을 엿볼 수 있다.

세례요한은 감옥에 갇히기 전, 예수님과 같은 시기에 각기 다른 장소에서 사역했다. 이스라엘에서 두 개별적인 부흥 운동이 동시에 일어나면서 서로를 비교할 수 있었다. 실제로 두 부흥 운동에 모두 불만이 있던 유대인 지도자들이 가장 먼저 두 사역을 비교했다. 유대인 지도자들은 세례요한과 예수님을 이간질 하려는 의도로 세례요한의 제자들을 찾아갔다. 유대인 지도자들은 세례요한의 제자들에게 이렇게 질문했을 가능성이 크다.

"요한이 세례를 베풀고 공개적으로 지지한 나사렛 예수가 새로운 부흥 운동을 시작한 사실을 알고 있습니까? 게다가 예수의 제자들도 사람들에게 세례를 주고 있습니다. 어떤 사람들은 더 이상 세례요한의 세례는 필요 없으며 예수의 세례만 있으면 된다고 주장합니다. 이 이야기를 듣고 사람들이 세례받는 모습을 보면 분명히 어느 한쪽이 다른 한쪽을 따라 하는 것 같은 느낌이 듭니다. 맞습니다. 말할 것도 없이 예수가 세례요한의 집회를 그대로 따라 하는 것이죠. 가장 큰 차이점은 예수의 집회에 세례요한의 집회보다 훨씬 더 많은 사람이 참석한다는 점입니다."

유대인 지도자들은 계속해서 세례요한의 제자들에게 집요하게 질문했다.

"혹시 아직도 세례요한의 집회에 참석자가 줄고 있다는 사실을 눈치채지 못한 겁니까? 답답하군요. 이유는 간단해요. 사람들이 예수의 집회로 옮겨갔기 때문입니다. 소문에 따르면 사람들은 세례요한의 집회가 시대에 뒤떨어졌다고 말합니다. 구식이라고 생각하는 거죠. 아마도 당신의 스승은 나사렛 예수를 공개적으로 지지한 것이 자기 사역에 종말을 예고한 것이라고 생각하지 못 한 것 같군요."

세례요한의 제자들은 유대인 지도자들의 말을 듣고 매우 놀라서 곧바로 스승에게 알렸다.

> 그들이 요한에게 가서 이르되 랍비여 선생님과 함께 요단강 저편에 있
> 던 이, 곧 선생님이 증언하시던 이가 세례를 베풀매 사람이 다 그에게
> 로 가더이다 (요 3:26, 개정)

집회 참석자들의 헌금과 후원에 의존하던 세례요한의 제자들은 집회 참석률 저하와 줄어든 헌금의 이유가 예수님의 새로운 부흥 운동 때문이라고 생각했다. 아마도 세례요한의 제자들은 나름대로 헌금 장부를 기록했을 것이기 때문에 사역의 사업적 측면이 어려운 상황임을 뼈저리게 느꼈을 것이다. 세례요한의 제자들은 스승의 집회 참석률이 떨어지는 걸 보고 고민하면서 스승이 자신들의 고민을 듣고 함께 나누기를 기대했다.

날로 높아지는 예수님의 인기 속에 과연 세례요한은 제자들에게 뭐라고 대답했을까? 세례요한의 대답은 실로 놀랍다.

²⁷ 요한이 대답하여 이르되 만일 하늘에서 주신 바 아니면 사람이 아무 것도 받을 수 없느니라 ²⁸ 내가 말한바 나는 그리스도가 아니요 그의 앞에 보내심을 받은 자라고 한 것을 증언할 자는 너희니라 ²⁹ 신부를 취하는 자는 신랑이나 서서 신랑의 음성을 듣는 친구가 크게 기뻐하나니 나는 이러한 기쁨으로 충만하였노라 ³⁰ 그는 흥하여야 하겠고 나는 쇠하여야 하리라 하니라 (요 3:27~30, 개정)

요한은 제자들에게 이렇게 말했다. "내 인기와 집회의 영향력은 점점 줄어들지만 나는 그 어느 때보다 더 큰 기쁨으로 충만하다. 내가 바라보고 기다리던 분이 마침내 오셨으니 내 기쁨이 완성되었다. 그분은 더욱 커지고 나는 계속 줄어들어야 한다."

세례요한의 제자들은 줄어드는 참석률 때문에 걱정했지만, 세례요한은 신랑의 음성을 듣는 기쁨 때문에 그런 문제는 전혀 신경 쓰지 않았다. 세례요한의 모든 삶은 오직 한 분 예수님을 위한 개인적인 헌신 그 자체였다.

신부가 당신의 이름을 잊어버릴 때

신랑이 나타나자, 신부는 신랑의 친구(세례요한)를 내버려두고 신랑을 따라갔다. 나는 요한이 다음과 같이 예수님께 조금 화를 냈다고 해도 인간적으로 조금은 이해할 수 있을 것 같다.

"예수님, 저는 주님을 위해 광야에서 낙타 털로 만든 옷을 입고 메뚜기와 석청을 먹으며 살았습니다. 저는 신부가 주님을 원하지 않았을 때도 당신을 섬기면서 신부의 마음을 주님께 돌려놓았습니다. 알고 보면 주님이 여기 계신 것도 제 덕분 아닙니까? 그런데 주님은 단 한 번도 저를 주님의 집회에 초대해서 설교할 기회를 주지 않으셨어요. 이제 주님이 나타나시니 신부는 저를 완전히 잊고 주님을 따르고 있습니다. 솔직히 지금은 그다지 주님께 감사한 기분이 아닙니다."

그러나 세례요한은 이런 부정적인 태도를 보이지 않았으며 오히려 이런 태도를 보여 주었다. "신부가 제 이름을 잊어버렸다니 정말 행복합니다. 저는 신랑이 여기 계신 것으로 충분히 만족합니다." 신부를 섬기는 신랑의 진정한 친구들은 신부가 언젠가는 자신의 이름을 잊어버릴 날이 올 것을 안다. 예수님이 이 땅에 다시 오실 때, 신부는 신랑의 품에 안긴 기쁨으로 신랑의 친구를 완전히 잊어버릴 것이다.

나는 신부가 신랑의 품에 안겨 머리를 긁적이며 말하는 모습을 상상해 본다. "그 사람이 누구였더라. 그 사람 이름이…. 누구였지? 정말 잊어버렸어요. 맙소사, 이제 이름도 기억이 안 나네요. 하지만 괜찮아요, 주님이 지금 저와 함께 계시니까요!"

신부가 신랑의 친구를 전혀 기억하지 못하는 순간, 신랑의 참된 친구는 이렇게 말할 것이다. "내가 누구인지 신부가 완전히 잊었으니 이제 내 기쁨이 충만하다!"

신부의 주인은 신랑이다. 신랑을 기다리며, 그가 오는 소리에 귀를 기울이는 신랑의 친구는 신랑의 소리를 듣고 대단히 기뻐한다. 나의 기쁨도 이와 똑같은 것이다. 나의 기쁨이 이제 이루어졌다. (요 3:29, 쉬운)

세례요한은 끝까지 주님의 기쁨을 위해, 주님과의 개인적인 관계 안에 살았다.

예배는 사업이 아닙니다
예배는 관계입니다

.
.
.
.

CHAPTER 4

쇠퇴기를
통과하다

예수님이 나타나시자, 신부는 신랑에게 완전히 사로잡혀서 세례요한을 서서히 잊어버리기 시작했다. 신부는 세례요한이 얼마나 충실하고 사심 없이 자신을 섬겼는지 잊어버렸다. 신부의 눈에 예수님만 가득하여지려면 세례요한이 점점 쇠해야 했다.

> 그는 흥하여야 하겠고 나는 쇠하여야 하리라 하니라. (요 3:30)

하나님의 감동으로 세례요한은 자신 운명이 점차 쇠하는 것임을 알았다. 요한은 미리 하나님의 말씀을 받았기 때문에 쇠하기 시작할 때를 이해하고 하나님의 구원계획에 협력할 수 있었다. 하지만 말씀을 받았든 받지 않았든 쇠하는 것은 결코 쉬운 일이 아니다.

세례요한은 쇠함이 다가온다는 사실을 미리 알았지만, 어떤 형태로 다가올지는 몰랐기 때문에 구체적으로 대비할 수는 없었다. 일반적으로 쇠함은 우리가 예상하지 못한 형태로 다가온다. 세례요한의 경우에는 예상치 못한 '투옥'의 형태로 나타났다. 감옥 생활이 정말 힘들었기 때문에 세례요한은 자신을 구해주지 않으시는 예수님께 실족할 지경이었다(마 11:6). 그러나 예수님을 향한 세례요한의 개인적인 충성이 실족하지 않게 지켜주었다. 만일 세례요한의 삶이 일(사역) 중심이었다면, 요한은 결국 비참한 희생자로 삶을 마쳤을 것이다.

인생에서 만나는 다양한 쇠함은 생각처럼 우아하게 받아들이고 헤쳐 나가기에는 매우 어렵고 힘든 일이지만, 사람이 살아가는 동안 흔하게 경험하는 과정 중 하나다.

사실상 우리는 모두 일생에서 흥함과 쇠함의 시기를 번갈아 경험한다. 우리 삶은 마치 바다의 밀물과 썰물 같아서 밀물의 때에는 증가와 확장의 시기가 찾아오고 그 후에 썰물의 때에는 감소와 축소의 시기가 찾아온다. 우리 생각과 바람은 끊임없는 성공을 원하지만, 실제로 끊임없는 성공은 인격 형성에 상당히 해로우므로 쇠함은 건강한 삶의 순환 과정에 꼭 필요하다.

우리 인생에 쇠함이 없으면 성공을 건강한 방식으로 처리할 수 없기 때문에 쇠함은 성공의 필수적인 후속 과정이다.

큰 성공에서 오는 '추진력의 묘약'은 머리를 어지럽게 만들어서 바른 판단을 하지 못하게 한다. 우리는 여호수아의 삶에서 이 묘약의 효과를 볼 수 있다. 여호수아는 마른 땅으로 변한 요단강을 건넌 후 거대한 여리고 성벽이 눈앞에서 무너지는 것을 보면서 내가 '사역의 추진력'이라고 부르는 기세의 돌진을 느꼈다. 그 결과 자신만만한 여호수아는 아이 성 전투를 어떻게 치러야 할지 하나님의 뜻을 묻지 않았다.

여호수아가 아이 성 전투에서 패배한 이유는 자신의 행보에 지나치게 자신감이 컸기 때문이다. 여호수아는 아이 성을 정복한 후에도 기브온 사람들을 어떻게 할지 하나님께 여쭙지 않았다. 여호수아는 성공의 물결에 휩쓸려 하나님의 음성을 들어야 할 필요성을 잊어버린 결과 두 가지 심각한 판단 착오를 범했다.

하나님은 여호수아가 성숙하게 성공을 관리하는 법을 배우도록 징계하셨다. 과연 어떤 형태의 징계였을까? 한마디로 '쇠함'이다. 하나님은 여호수아의 온유함을 회복하기 위해 '쇠함'을 사용하셨다. 온유함은 쇠함에 적절히 반응할 때 나타나는 열매다.

모세의 삶에서 온유함이라는 열매를 볼 수 있다. 모세는 이집트 왕궁에서 영광스러운 40년을 보내고 미디안 광야로 옮겨 40년간 지내면서 쇠했을 때 비로소 온유함 속에서 하나님이 인간에게 맡기신 가장 큰 지도력을 감당할 준비를 할 수 있었다.

하나님은 모세가 온유함을 지닐 수 있도록 준비하시고 나서 야 모세에게 인류 역사상 가장 큰 지도력을 위임하셨다. 모세의 온유함이 얼마나 컸는지 생각해 보자. 하나님이 지겹도록 말 안 듣는 이스라엘 민족을 진멸하고 모세를 새로운 민족의 조상으로 삼아 구원의 역사를 다시 시작하겠다고 말씀하셨을 때, 모세가 이 매력적인 제안을 거절하고 하나님의 진노를 누그러뜨릴 수 있 었던 이유는 온유함 때문이다(출 32:9~14). 만일 고라가 같은 제안 을 받았다면 당장 이렇게 말했을 것이다. "하나님의 말씀대로 내 게 이루어지이다!" 그러나 모세는 광야의 불같은 도가니에서 단 련한 온유함으로 하나님께 반응했다.

야곱은 협상하는 법을 알았다

야곱은 하나님이 온유한 성품을 이루기 위해 쇠함을 사용하 신 또 다른 사람이다. 야곱은 확실히 사업에 엄청난 열망과 소질 이 있는 강한 사람이었다. 야곱은 아버지를 속이고 형 에서의 장 자권과 축복을 가로챘으며 후에는 라반의 양 떼와 소 떼보다 더 많은 몫을 차지한, 말 그대로 독한 사람이었다.

야곱은 수완가요 협상가, 흥정꾼이었으며 약삭빠르고 민첩했 다. 재산을 불리는 것은 야곱에게는 아주 쉽고 자연스러운 일이 었다. 하지만 하나님은 야곱이 아들 요셉에게 사업 수완을 전수하는 아버지가 되기보다는 온유한 마음으로 하나님과 인격적으로 동행하는 열정을 전수하는 아버지가 되기를 바라셨다.

브니엘이 이것을 다루는 장소였다. 하나님은 브니엘에서 야곱에게 나타나셔서 밤새도록 씨름하셨다(창 32:24~31). 하나님이 야곱의 환도뼈를 치심으로(격렬한 쇠함의 형태) 야곱의 사업 중심 가치에 치명타를 가하시고 온유한 마음으로 바꾸셨다. 또 하나님은 야곱의 이름을 '이스라엘'로 바꾸시고 야곱에게 더 친밀하고 인격적으로 다가오셨다. 하나님이 야곱을 불구로 만드시고 야곱의 이름을 바꾸자, 야곱과 하나님의 동행은 더 이상 일이 아닌 개인적인 관계로 변했다.

야곱은 평생 자기 힘으로 원하는 목표를 이루며 살았다. 야곱이 환도뼈를 다치기 전까지는 목표를 향해 모든 것을 강하게 밀어붙이는 추진가였지만 환도뼈를 다치고 절름발이가 되자 목표를 추진할 힘을 잃어버렸다. 하나님은 야곱의 영혼에 온유함을 이루시기 위해 야곱의 힘을 꺾으셨다.

결과적으로 야곱은 쇠함을 통해 얻은 온유함의 능력으로 젊은 선두 주자 요셉을 양육할 수 있었다. 야곱이 쇠하지 않았다면 우리가 아는 요셉은 없었을 것이다.

먼저 야곱의 세대가 쇠해야 요셉의 세대를 양육할 수 있다.

쇠함이 하나님과의 관계를 개인적으로 만든다

야곱은 실제로 평생에 여러 차례 쇠함의 시기를 경험했다. 야곱이 힘든 고난의 과정을 마쳤을 때 하나님과의 동행은 더욱 구체적으로 야곱의 개인적인 것이 되었다.

쇠함의 시기는 모든 것을 개인적으로 만든다.

야곱의 삶에 쇠함이 어떻게 일어났는지 알아보기 위해 야곱의 인생 말년에 초점을 맞추자. 야곱은 인생의 마지막 17년을 번영과 축복 속에서 보냈지만, 그 직전에 22년간 혹독한 쇠함과 영적인 메마름의 세월을 보냈다. 창세기는 요셉의 이야기에 초점을 맞추기 때문에 우리는 야곱의 인생에서 22년의 긴 세월 동안 무슨 일이 있었는지는 알 수 없다.

요셉이 아버지 야곱에게서 분리된 후 다시 돌아가기까지 22년이 걸렸다. 그 길고 긴 침묵의 세월 동안 야곱은 하나님께 이렇게 질문했을 것이다.

"하나님, 도대체 하나님과 저 사이에 무슨 일이 일어나는 겁니까? 저를 보시면서 무슨 생각을 하세요? 왜 제 삶은 끝없는 슬픔으로 가득 차 있는 걸까요?"

마침내 황무지 같은 22년의 세월을 끝내기 직전, 야곱은 인생

최대의 위기를 맞는다. 야곱의 집은 끔찍한 기근에 시달리는 중이었고 아들 시므온은 얼마 전 이집트의 감옥에 갇혔으며 시므온을 감옥에 가둔 사람이 베냐민도 원하고 있었다. 야곱은 극심한 기근 속에서 가족을 부양할 능력을 잃고 요셉과 시므온을 잃은데 이어 이제 베냐민까지 잃을 처지였다. 야곱은 마치 하나님이 자신을 거절하는 것처럼 느끼지 않았을까?

그러나 우리는 이 이야기가 어떻게 끝나는지 안다. 야곱은 잃었던 아들을 모두 되찾았고 7년 기근 중에도 식량이 풍족했던 이집트로 집을 옮겼다. 그리고 야곱은 인생의 마지막 17년을 명예와 축복 속에서 살았다.

하나님이 야곱의 운명을 역전시키셔서 형통하게 하시자 야곱은 이 모든 것을 개인적으로 받아들였다. 우리는 야곱의 말을 통해 이 사실을 알 수 있다. 야곱은 생의 마지막 순간에 아들들에게 놀라운 유언을 남겼다. 야곱의 유언을 함께 보자.

[22] 요셉은 무성한 가지 곧 샘 곁의 무성한 가지라 그 가지가 담을 넘었도다 [23] 활쏘는 자가 그를 학대하며 적개심을 가지고 그를 쏘았으나 [24] 요셉의 활은 도리어 굳세며 그의 팔은 힘이 있으니 이는 **야곱의 전능자** 이스라엘의 반석인 목자의 손을 힘입음이라 [25] 네 아버지의 하나님께로 말미암나니 그가 너를 도우실 것이요 전능자로 말미암나니 그가 네

게 복을 주실 것이라 위로 하늘의 복과 아래로 깊은 샘의 복과 젖먹이
는 복과 태의 복이리로다 (창 49:22~25, 개정)

이 아름다운 유언에서 내가 강조하고 싶은 구절이 있다. '요셉
의 활은 도리어 굳세며 그의 팔은 힘이 있으니 이는 야곱의 전능
자 이스라엘의 반석인 목자의 손을 힘입음이라.' 야곱은 하나님
을 '야곱의 전능자'라고 불렀다. 마치 내가 아이들을 불러 이렇게
이야기하는 것과 같다. "밥 소르기의 전능하신 하나님이 어떤 분
인지 이야기 해줄게."

'야곱의 전능자'라는 표현은 이런 의미이다.

"그분은 내 하나님이야. 하나님은 나와 하나님의 관계가 특
별하고 개인적이라고 알려 주셨어. 나는 하나님이 요셉을 다
시 내게 보내셨을 때 하나님과 내 관계가 개인적이고 인격적
이라는 사실을 깨달았지. 이제 나는 주님의 소유이고 주님은
나의 하나님이셔."

나는 야곱이 경험한 것을 나도 경험하기를 갈망한다. 나는 내
아이들에게 하나님을 소개할 때 '밥 소르기의 하나님'이라고 말
할 수 있을 정도로 하나님과 더 깊고 친밀해지기를 바란다. 그리
고 여러분도 그렇게 되기를 바란다.

예배는 사업이 아닙니다
예배는 관계입니다

. . . . .

CHAPTER 5

삯꾼과
상인들

우 리는 모두 예수님과의 관계라는 개인적인 이유로 주님
  을 섬긴다고 믿지만 우리도 모르는 순간 부름 받은 사역
을 자기 이득을 위한 광고 수단으로 삼기가 매우 쉽다. 우리는 오
직 하나님의 영광을 위해 사역을 알린다고 확신하지만, 점점 동기
의 경계가 모호해지기 시작한다. 사업가 사고방식으로 사역에 접
근하는 사람들은 삯꾼의 영에 굴복당할 위험이 있다.

> [12] 삯꾼은 목자가 아닙니다. 또 양들도 자기의 것이 아니므로, 이리가
> 오는 것을 보면 양들을 버리고 혼자 달아납니다. 그렇게 되면 이리가
> 양들을 공격하여, 양들을 흩어 버립니다. [13] 삯꾼이 달아나는 것은, 그
> 는 삯꾼이므로 양들을 진심으로 아끼는 마음이 없기 때문입니다. (요
> 10:12~13, 쉬운말)

이 구절에서 삯꾼은 돈을 벌기 위한 직업으로 양 떼를 돌보는 사람을 말한다. 삯꾼은 특정한 업무를 위해 고용되어 투자한 시간과 노동에 합당한 보수를 받는다.

그러나 참된 목자에게 양 떼를 돌보는 일은 단지 돈을 벌기 위한 수단이 아니라 개인적인 일이다. 목자는 양 떼의 행복을 위해 삶 전체를 건다. 목자에게 양 떼의 피해는 남의 일이 아니라 자기 일이기 때문에 양 떼가 받는 모든 피해는 목자에게 큰 영향을 끼친다.

생각해 볼 만한 질문이 있다. 나는 삯꾼인가, 목자인가? 나는 월급을 받기 때문에 그리스도의 양 떼를 섬기는가, 아니면 양 떼의 행복과 평안이 내 삶의 전부이기 때문에 양 떼를 섬기는가?

이 질문의 답은 약탈자가 양 떼를 공격할 때 우리가 어떻게 반응하는지를 통해 알 수 있다. 목자는 위험이 지나갈 때까지 양 떼 곁에 머무르지만, 삯꾼은 위험한 기색만 보여도 도망간다.

다윗의 목자로서의 진정성은 양 떼가 공격을 받았을 때 드러났다. 어느 날 사자가 나타나 어린양을 물고 갔다(삼상 17:34~36). 다윗은 이렇게 생각했을 것이다. "네가 입에 물고 있는 양은 내 아버지의 어린양이야! 절대 빼앗아 갈 수 없어!" 다윗은 사자의 입에서 어린양을 구출한 후에 사자의 수염을 잡고 쳐 죽였다. 다윗은 어린양 한 마리를 구하기 위해 목숨을 걸었다.

삯꾼은 결코 다윗처럼 목숨을 걸어야 하는 위험한 일은 하지 않는다. 삯꾼은 이렇게 말한다. "내가 받기로 한 보수에는 사자를 잡는 비용은 포함되지 않았어요." 삯꾼은 사자가 양을 물어가도록 내버려둔 채 모든 일이 벌어지고 나서 목자에게 이렇게 말한다. "내가 미처 손을 쓰기도 전에 사자가 양을 물고 달아나 버렸네요." 그럴듯한 말이지만 사실은 "내가 사자를 잡기 원한다면 지금보다 훨씬 더 많은 돈을 줘야 할 겁니다"라는 뜻이다.

오늘날 교회에는 삯꾼의 정신HIRELING SPIRIT이 존재한다. 삯꾼의 마음을 가진 사람들은 교회에 도움이 필요한 영역을 보고 이렇게 말한다. "그건 내 일이 아닙니다. 내가 받을 돈에 그 일은 포함되지 않았어요. 만일 내가 그 일을 하기 원한다면 돈을 더 많이 주셔야 합니다. 혹시 다른 교회보다 돈을 더 많이 주신다면 당신의 교회에서 일할 수 있습니다." 삯꾼에게 주님의 일은 개인적인 것이 아니라 그저 돈을 벌기 위한 수단일 뿐이다.

사역이 사업으로 바뀌다

성경은 우리에게 하나님을 위한 순종에 사업 정신이 틈타서 큰 고통을 입은 사람들의 예를 통해 경고한다.

게하시(왕하 5장): 엘리사의 종이었던 게하시는 나아만 장군이 한센병에서 고침을 받자, 부자가 될 기회를 노렸다. 게하시의 탐욕 때문에 나아만이 고침을 받은 한센병이 게하시에게 찾아온 결과 죽는 날까지 한센병자로 살아야 했다.

아나니아와 삽비라(행 5장): 아나니아와 삽비라는 돈을 향한 사랑에서 벗어나지 못했으며 그리스도를 향한 개인적인 충성심보다 돈을 향한 충성심이 더 강했다. 아나니아와 삽비라는 자신의 소유를 팔아 교회와 사도들에게 호의를 얻으려 했지만, 성령님은 교회를 위한 표적으로 그들을 심판하셨다.

가룟 유다(요 12:4~8): 가룟 유다는 "너희가 하나님과 재물을 겸하여 섬기지 못하느니라(마 6:24)"라고 말씀하신 예수님의 가르침을 들었지만, 이 말씀을 마음에 새기지 못했다. 왜냐하면 가룟 유다에게 예수님과 함께 보낸 시간은 처음부터 끝까지 모든 것이 사업이었기 때문이다. 가룟 유다는 주님보다 자신의 출세를 더 추구했기 때문에 예수님과 함께한 3년 동안 주님과 친밀한 관계를 맺는 데 큰 어려움을 겪었다. 결국 예수님의 곳간을 훔치며(요 12:6) 재물을 겸하여 섬긴 가룟 유다의 사업은 그를 집어삼키고 파멸로 이끌었다(행 1:18).

발람(민 22장~24장): 발람은 이스라엘을 저구하고 발락에게 두둑한 사례비를 받으려고 했다. 그러나 하나님은 발람을 막으시고 오히려 이스라엘을 축복하게 하셨다. 결국 발람은 다른 훌륭한 사업가들처럼 돈을 벌 방법을 찾았다. 발람은 발락에게 자신이 이스라엘을 저주할 수는 없지만 이스라엘이 스스로 저주에 빠지게 할 수 있다고 말했다. 발람의 방법은 이스라엘 진영에 젊은 여인들을 보내어 유혹하여 성적 부도덕에 빠지게 하는 것이었다 (계 2:14). 발람은 자신이 이스라엘을 직접 저주할 수 없지만, 음행이 이스라엘을 저주에 빠지게 한다는 것을 알았다. 이 악한 조언으로 발람은 발락에게 후한 보수를 받았다.

미가 선지자는 돈을 받고 예언하는 선지자들을 향해 이렇게 예언한다.

> [5] 내 백성을 그릇된 길로 미혹하는 거짓 예언자들아, 너희는 너희 입에 먹을 것을 물려주는 자들에게는 평강의 말을 외치지만, 너희 입에 먹을 것을 채워주지 않는 자들에게는 전쟁의 칼로 위협하고 있다. 그러므로 이런 거짓 예언자들에 대하여 주께서 말씀하신다. [11] 보라, 너희 지도자들은 뇌물을 받고서 판결하며, 너희 제사장들은 삯을 바라고 가르치며, 너희 예언자들은 돈을 벌려고 예언한다. 그러면서도 너희들은 오직 주만 전적으로 의지하는 자들처럼 말하기를 '주께서 우리 가운데 계시지 않느냐? 그러니 우리에게는 어떤 재앙도 닥치지 않는다.'라고 큰소리친다. (미 3:5, 11, 쉬운말)

예수님 시대의 바리새인들에게 사역은 주로 경력이나 평판, 명예와 돈, 자기 보호와 보존을 위한 일이었다. 예수님이 제자들에게 바리새인의 누룩을 조심하라고 경고하신 이유는 우리도 바리새인처럼 함정에 빠질 가능성이 있다는 것을 아셨기 때문이다.

상인들을 몰아내신 예수님

예수님 시대에는 삯꾼의 정신이 성전을 장악했다. 상인들은 성전 안에 가게를 차리고 물건을 진열해서 팔았고 사업은 날로 번창했다. 사도 요한은 예수님이 채찍을 들고 아버지의 기도의 집, 성전을 찾아가신 이야기를 기록했다.

> [13] 유대인의 유월절이 가까운지라 예수께서 예루살렘으로 올라가셨더니 [14] 성전 안에서 소와 양과 비둘기 파는 사람들과 돈 바꾸는 사람들이 앉아있는 것을 보시고 [15] 노끈으로 채찍을 만드사 양이나 소를 다 성전에서 내쫓으시고 돈 바꾸는 사람들의 돈을 쏟으시며 상을 엎으시고 [16] 비둘기 파는 사람들에게 이르시되 이것을 여기서 가져가라 내 아버지의 집으로 장사하는 집을 만들지 말라 하시니 [17] 제자들이 성경 말씀에 주의 전을 사모하는 열심이 나를 삼키리라 한 것을 기억하더라 (요 2:13~17, 개정)

예수님은 지상 사역이 끝날 무렵 기도의 집을 한 번 더 정결케 하셨다. 두 번째 기록에는 채찍이 나오지 않지만, 첫 번째와 마찬가지로 예수님의 열심이 격렬하게 드러난다. 마가의 기록을

함께 보자.[1]

> [15] 그들이 예루살렘에 들어가니라 예수께서 성전에 들어가사 성전 안에서 매매하는 자들을 내쫓으시며 돈 바꾸는 자들의 상과 비둘기 파는 자들의 의자를 둘러엎으시며 [16] 아무나 물건을 가지고 성전 안으로 지나다님을 허락하지 아니하시고 [17] 이에 가르쳐 이르시되 기록된바 내 집은 만민이 기도하는 집이라 칭함을 받으리라고 하지 아니하였느냐 너희는 강도의 소굴을 만들었도다 하시매 (막 11:15~17, 개정)

당시 상황은 이렇다. 유월절을 맞아 예루살렘에 오는 많은 사람의 대부분이 먼 곳에서 오기 때문에 제물로 바칠 동물을 데려오는 것을 부담스러워했다. 주님은 대안으로 사람들이 고향에서 가축을 판 돈을 가져와 예루살렘에서 가축을 사서 주님께 드릴 수 있게 하셨다. 많은 예배자가 예루살렘에 도착해서 자신이 가져온 돈으로 어린양이나 비둘기 한 쌍을 샀다.

어린양과 비둘기 파는 상인들은 많은 이윤을 보장하는 가격을 서로 담합 했기 때문에 순례자들은 비싼 돈을 내지 않으면 하나님께 드릴 제물을 살 수 없었다. 지역 상인들은 유월절을 맞아 예루살렘을 방문한 순례자들의 약점을 이용해서 한꺼번에 1년치 수익을 벌어들였다.

---

1. 신학자들에 따라 성전 정화 사건이 두 번 있었다고 본다. 공관복음은 예수님이 예루살렘 입성 후 성전을 정화하셨다고 기록하지만, 요한복음은 예수님이 가나의 혼인 잔치 후에 성전을 정화하셨다고 기록하기 때문이다.

제물로 바칠 동물을 파는 상인들 말고 순례자를 기다리는 또 다른 열렬한 무리가 있었다. 바로 환전상들이다. 멀리 다른 나라에서 온 순례자들은 먼저 자신의 돈을 환전소에서 바꿔야 했다. 유월절 같은 축제 기간에는 환율이 굉장히 높았지만, 다른 방법이 없었기 때문에 순례자들은 하는 수 없이 예루살렘 시세를 따랐다.

예수님은 상인들이 유월절 축제 기간에 폭등한 이유으로 막대한 이익을 얻는 것을 보시고 '강도의 소굴'이라고 부르셨다. 이 모든 일이 거룩한 성전 안뜰에서 벌어지고 있었다!

> 이에 가르쳐 이르시되 기록된바 내 집은 만민이 기도하는 집이라 칭함을 받으리라고 하지 아니하였느냐 너희는 강도의 소굴을 만들었도다 하시매 (막 11:17, 개정)

환전상과 비둘기 파는 상인들의 자리를 뒤집어엎으시는 예수님의 눈에 불이 활활 타올랐다. 그 자리에 있던 모든 사람이 예수님의 엄숙한 표정에 두려워 떨며 움츠러들었다. 나는 상인들이 이렇게 말하고 싶지 않았을까 생각한다. "와, 우리에게 너무 심하신 거 아니에요? 주님, 진정하세요. 너무 과민 반응하시는 거 같아요. 마치 개인적인 일처럼 흥분하십니다. 주님, 이건 전적으로 사업일 뿐이에요. 개인적인 일은 전혀 없어요." 만일 상인들이 이렇게 말했다면 예수님의 답변은 이랬을 것이다.

"너희가 사업이라는 이유로 내 신부의 약점을 이용하고 착취한다면, 너희의 일은 나를 화나게 하는 지극히 개인적인 일이다."

우리는 개별적으로 심판받는다

예수님이 성전을 정화하실 때 상인들은 예수님의 불타는 눈을 보았다. 이제 여러분과 나도 예수님의 불타는 눈을 바라볼 날이 다가온다. 우리는 그 정해진 심판의 날을 잘 준비해야 한다.

심판 날에 그리스도 앞에 설 때는 무리 지어 나가지 않고 주님 앞에 한 사람씩 설 것이다. 그리고 각 사람의 눈이 예수님께 고정되는 순간, 우주에서 가장 중요한 문제는 주님이 당신과 친밀하고 개인적인 관계라고 말씀하시는가가 될 것이다.

[21] "나더러 '주님, 주님' 하는 사람이라고 해서, 다 하늘나라에 들어가는 것이 아니다. 하늘에 계신 내 아버지의 뜻을 행하는 사람이라야 들어간다. [22] 그날에 많은 사람이 나에게 말하기를 '주님, 주님, 우리가 주님의 이름으로 예언을 하고, 주님의 이름으로 귀신을 쫓아내고, 또 주님의 이름으로 많은 기적을 행하지 않았습니까?' 할 것이다. [23] 그 때에 내가 그들에게 분명히 말할 것이다. '나는 너희를 도무지 알지 못한다. 불법을 행하는 자들아, 내게서 물러가라.'" (마 7:21~23, 새번역)

그날에는 우리가 주님과 얼마나 친밀하다고 생각했는지는 중요하지 않다. 중요한 것은 주님이 우리와의 관계를 어떻게 생각하시는가이다. 우리는 "주여, 주여"라고 말할 수 있지만 그 고백이 우리에게 의미하는 것보다 주님에게 어떤 의미였는지가 더 중요하다는 말이다. 주님이 우리를 개인적으로 아시는가? 주님이 우리를 아실 수 있을 만큼 우리가 주님과 가까이 있었는가? 만일 우리 신앙이 개인적인 관계가 아닌 사업이요 일이었다면 심판 날에 명백하게 드러날 것이다.

예수님이 재림하셔서 열방을 심판하실 방법을 말씀하실 때 매우 개인적인 언어를 사용하셨다. 예수님은 성도들에게 이렇게 말씀하셨다. "너희가 여기 내 형제 중에 지극히 작은 자 하나에게 한 것이 곧 내게 한 것이니라."(마 25:40) 예수님은 의인들에게 "네가 나의 형제들을 섬겼을 때 나는 그것을 개인적으로 받아들였다."라고 말씀하신다. 그리고 악인들에게는 이렇게 말씀하실 것이다. "네가 이 지극히 작은 자 중에 하나라도 섬기지 않았을 때, 나는 그것을 개인적으로 받아들였다. 너희가 멀리한 것은 바로 나였다."(마 25:45, 저자 의역)

마지막 날에 예수님과 얼굴을 마주하며 지극히 개인적이고 개별적인 만남을 가질 준비가 되었는가? 이 언약의 날이 주님의 시간표에 이미 정해져 있다.

예배는 사업이 아닙니다
예배는 관계입니다

. . . . .

신부에게
점수 따기

마지막 날에 예수님은 신랑의 친구들이 신부에게 어떻게 행동했는지를 따라 심판하신다. 예수님은 다가올 미래 뿐만 아니라 지금도 이 문제를 아주 중요하게 생각하신다. 예수님은 우리에게 이렇게 질문하신다. "너는 나를 위해 신부를 섬기니? 아니면 너를 위해 신부를 섬기니?" 예수님은 이 문제를 정말 궁금해하신다.

주님이 나에게 가장 많이 물어보신 질문이 있다. "내 신부가 너와 함께 저녁 시간을 보낼 때 너와 나 둘 중에서 누구를 더 많이 이야기하고 집에 돌아가니?" 먼저 나는 주님의 신부에게 점수를 얻기 위해 노력한 적이 있었음을 솔직히 인정한다. 내 안에 신부의 칭찬과 인정을 받고 싶어 하는 성향이 있다.

신부의 칭찬을 받다 보면 더 많이 칭찬받기 위해 나도 모르게 내 행동을 신부 중심으로 조정하게 된다. 그러다 보면 신부가 들어야 할 말 대신, 신부가 듣고 싶어 하는 말을 더 많이 하는 나를 발견한다. 그러나 신부의 인정과 감사를 추구하면서 동시에 신부가 반드시 들어야 하는 예언자적인 말씀을 선포할 수 없다.

그리스도를 전하면서 자신을 드러내다

바울은 이렇게 말했다.

> 우리는 우리를 전파하는 것이 아니라 오직 그리스도 예수의 주되신 것과 또 예수를 위하여 우리가 너희의 종 된 것을 전파함이라. (고후 4:5)

나는 사람들이 그리스도를 전하면서 실상은 그리스도보다 자신을 더 드러내는 것이 가능하다는 사실을 발견했다. 즉, "오직 주님의 영광을 위하여!"라는 올바른 단어와 신학적으로 타당하고 맞는 내용으로 예수님을 전하지만 동시에 신부의 시선을 주님이 아닌 자신에게 주목하게 할 수 있다. 만일 당신이 특정한 방식으로 말씀을 전하면 신부는 당신의 지적 능력, 탁월한 언어 구사력, 일관된 논리, 효과적인 의사소통 기술, 모두가 경이롭게 여길 만한 말씀 전달 능력에 깊은 감명을 받는다. 그 결과 신부는 집회를 떠나면서 이렇게 말한다. "오늘 설교는 정말 일품이었어요!"

마찬가지로 예배자들도 겉으로는 예수님을 노래하지만, 자기 자신을 더 드러낼 수 있다. 당신이 부르는 노래는 시종일관 예수님을 가리키며 내용도 하나님을 찬양하는 올바른 가사가 담겨 있지만, 노래를 마칠 즘이면 신부는 주님보다 당신의 어떠함을 더 많이 이야기한다. "와, 당신은 정말 아름다운 목소리를 가지셨군요! 기름 부음도 대단하셔서 노래에 담긴 신부의 뜨거운 열정이 정말 잘 느껴졌습니다. 선곡도 훌륭하고 재즈 느낌의 악기 연주도 정말 좋았어요, 이 노래를 꼭 CD로 제작하시면 좋겠습니다."

나는 여러 번 이렇게 기도했다.

"주 예수님, 저를 불쌍히 여기셔서 신부가 저와 저의 섬김을 알아주기를 바라는 성향에서 저를 구해 주세요. 저는 주님의 신부들과 함께 저녁 시간을 보낸 후 신부의 입에 오르내리기를 원치 않습니다. 신부가 오직 주님만 고백하기를 원합니다. 주 예수님, 제가 주님의 신실한 친구가 되도록 도와주세요!"

신랑이신 주님의 신실하고 충성된 친구는 신부에게서 신랑의 영역, 즉 신부의 사랑과 추앙을 구하지 않기 위해 항상 조심한다.

거룩한 사랑

신랑이신 예수님은 신부와 결혼하기 위해 이 땅에 다시 오실 때까지 신부를 잘 섬기도록 신실한 친구들에게 임무를 맡기셨다. 친구의 임무는 신랑이 돌아올 때까지 결혼식을 위해 신부에게 필요한 것을 채워주고 준비시키며 마음을 잘 지키도록 돕는 것이다. 신랑의 친구는 신부를 섬기기 위해 하나님이 그리스도의 몸 된 교회에 세우신 지도자들과 사역을 의미한다.

예수님과 신부 사이에는 특별한 끌림이 있다. 이 관계는 본질적으로 전혀 성적이지 않지만, 분명히 애정과 열정이 넘친다. 우리는 예수님과 신부의 특별한 끌림을 자력, 짜릿함, 불꽃, 이끌림이라고 부를 수 있다. 우리가 예수님과 신부의 관계를 어떻게 부르든 신부는 신랑을, 신랑은 신부를 서로 끌어당기는 '무엇'이 있는 것이 분명하다. 신랑과 신부는 서로에게 푹 빠졌다!

흥미롭게도 예수님과 천사들 사이에는 이러한 끌림이 존재하지 않는다. 천사들은 하나님의 아들 예수님을 사랑하지만, 신부처럼 사랑이 담긴 친밀함은 없다. 천사들은 신부의 갈망에 참여하지 않으며 신랑의 갈망을 받는 존재도 아니다. 천사들은 신랑과 신부의 낭만적인 사랑을 보며 신비감을 느낀다.

한 천사가 예수님과 신부의 사랑을 보고 다른 천사에게 묻는다. "신랑과 신부는 도대체 무슨 관계지? 주님은 신부의 어떤 점을 보시고 그렇게 사랑하시는 걸까?"

다른 천사가 대답한다. "네가 무슨 말 하는지 알겠어, 나도 정말 이해가 안 돼. 나만 이해를 못 하는 걸까?"

첫 번째 천사가 대답한다. "나도 잘 모르겠어. 가브리엘은 우리가 모르는 것도 잘 아니까 가서 물어보자."

두 천사는 천사장 가브리엘을 찾아가서 묻는다. "가브리엘, 우리가 신랑과 신부의 사랑을 이해하도록 도와줄 수 있나요? 도대체 신랑과 신부를 끌어당기는 매력이 뭐죠? 왜 예수님이 저렇게 신부에게 푹 빠지신 걸까요?"

가브리엘이 대답한다. "솔직히 나도 잘 모르겠어. 내가 느끼기에는 신랑과 신부가 서로 끌어당기는 힘이 우리가 생각하는 것보다 훨씬 더 강한 것 같아."

신랑의 친구로서 목회자와 예배 인도자, 교사, 소그룹 인도자들은 신랑과 신부 사이에 존재하는 강력한 사랑의 힘 안으로 들어가서 둘 사이가 더 가까워지도록 섬기려고 애쓴다. 신랑의 친구는 신랑과 신부의 사랑의 불이 더욱 뜨겁게 타오르도록 부채질한다. 신부는 아직 미성숙하므로 주님께 온 마음 다해 순종하는 법을 찾기 위해 적절한 도움과 가르침이 필요하다. 이때 신랑의 친구가 신부를 격려하며 도울 때, 신부는 사랑하는 예수님께 온 마음을 드리는 방법을 천천히 배워간다.

신랑의 친구는 온 우주의 왕이신 주님과 신부가 맺은 사랑의 관계 안으로 들어가서 그 사랑이 더 뜨거워지도록 도우려 노력한다. 정말 대단한 용기가 필요한 일이다.

신부가 신랑의 친구를 알아 차리다

신랑의 친구가 어떻게 하면 신부가 신랑께 더 깊은 사랑을 드리고 받을 수 있는지 탁월하게 도우면 신부는 그 능숙함을 알아차리고 친구를 향해 이렇게 말한다. "와, 정말 대단하신데요. 당신은 신랑의 마음을 잘 아시는군요?

신부가 친구에게 관심을 쏟기 시작하면 친구는 가슴이 벅차고 짜릿한 기분이 든다. 신부는 아주 매력적이고 베풀 수 있는 사랑이 가득하다. 보통 신부는 신랑에게 온 애정을 쏟지만, 탁월한 신랑의 친구를 발견하면 친구에게 완전히 빠져들기도 한다.

신부가 이렇게 외친다. "목사님, 저는 우리 교회가 정말 좋아요! 전에 다니던 교회가 어땠는지는 이야기하지 않을게요. 목사님이 섬기시는 교회에 온 후로 어두운 무덤에서 드디어 탈출한 느낌이라고만 이야기해도 충분할 것 같아요. 목사님이 전하시는 말씀은 일상과 밀접하게 관련이 있어서 이해하기 쉬워요. 우리 아이들도 요즘 교회 가는 걸 정말 즐거워할 뿐 아니라 사정이 있어서 빠질 때는 정말 속상해한답니다. 이 교회에 온 것은 우리에게 일어난 최고의 일이에요. 우리는 이제야 목사님다운 목사님을 만난 것 같습니다. 목사님이 계셔서 정말 감사합니다."

신부는 예배 인도자에게도 자신만의 방식으로 아낌없는 칭찬을 베푼다.

"당신이 작곡한 새 노래가 정말 마음에 들어요! 당신의 노래는 성령님이 지금 교회에 말씀하시는 것을 아주 잘 표현하고 있어요. 코드 진행도 정말 마음에 듭니다. 우리 교회에서 예배를 인도하는 다른 인도자분도 정말 좋고 감사하지만, 특히 당신이 예배를 인도할 때면 항상 가슴이 벅차요. 다른 사람에게는 이런 말 하지 않았는데 당신은 우리가 정말 좋아하는 예배 인도자예요."

섬김이나 지도력의 영역도 신부의 넘치는 칭찬의 대상이다. 신부는 청소년부 전도사에게 이렇게 말한다.

"우리 교회 청소년을 위한 전도사님의 사역에 정말 감사드립니다. 우리는 두 자녀의 영적 건강을 놓고 걱정하며 하나님께 부르짖어 기도했어요. 그러던 중에 하나님이 응답으로 전도사님을 우리 교회 청소년부로 인도해 주셨습니다. 지금 우리 아이들은 하나님을 향해 불타오르고 있어요. 이건 다 전도사님의 삶이 하나님과 친밀할 뿐만 아니라 기름 부음으로 아이들을 돌보기 때문이라고 생각합니다. 전도사님이 아실지 모르겠지만 우리가 이 교회에 있는 이유는 바로 전도사님 때문이에요!"

신부는 영적인 민감성과 풍부한 감수성을 타고났기 때문에 자기도 모르게 신랑의 친구에게 아낌없는 관심을 쏟을 수밖에 없다. 이것은 피할 수 없는 일이다. 신부는 신랑의 친구에게 점수를 따려는 것이 아니라 그저 감사하기 때문이다. 이때 신랑은 친구가 어떻게 대처하는지 유심히 지켜보신다. 신부가 신랑의 친구에게 호감을 표현할 때, 친구의 마음에서는 어떤 일이 일어날까? 친구는 신부에게 추파를 던질 것인가?

과잉행동 음유시인

음유시인TROUBADOUR[1]은 적절한 사랑의 언어를 찾아 표현하여 듣는 이에게 열정을 불어넣는 음악가이자 가수를 의미한다. 음유시인은 자신이 지은 가사와 선율로 사랑을 불러일으키고 더 깊게 한다. 신랑의 친구도 음유시인과 같다. 우리(신랑의 친구)는 예수님과 신부의 사랑이 더욱 자라서 완전한 성숙과 성취를 이루도록 섬기는 사람들이다. 우리는 음유시인이자 사랑의 조력자다.

다음 상황은 상상이라고 말하기에도 터무니없어 보이는 이야기이다. 당신은 사랑하는 여자 친구와 함께 낭만적인 식사를 하기 위해 레스토랑에 왔다. 여자 친구의 마음을 얻기 위해 먼저 자리에 앉도록 점잖게 의자를 빼주고 나서 식사 시간 동안 낭만적

---

1. 트루바두르 : 중세 남부 프랑스의 음유시인을 통틀어 이르는 말. 무훈과 기사도를 소재로 서정성이 강한 연애 시를 지어 불렀다.

인 곡을 연주할 어쿠스틱 재즈 기타리스트를 고용했다는 사실에 만족스러워한다. "라이브 연주가 있는 식사라니, 정말 완벽해. 이보다 낭만적일 수는 없어. 그녀의 마음이 녹아내릴 거야."

멀리 음유시인이 당신과 아름다운 연인을 발견하고 천천히 테이블로 다가오며 연주한다. 당신은 생각한다. "훌륭해, 맞춤형 사랑 노래구나." 음유시인이 연주하는 동안 당신은 연인의 눈을 바라보며 부드러운 목소리로 대화하면서 분위기가 무르익는다.

그런데 갑자기 음유시인이 식사 테이블로 한 걸음 더 가까이 다가온다. 기타 연주는 더 이상 배경 음악이 아니라 전면에 등장하고 노랫소리가 점점 커진다. 음악이 너무 시끄러워서 여자 친구가 방금 무슨 말을 했는지 다시 물어봐야 할 정도다.

갈수록 음악 소리가 커져서 이제 음유시인의 연주는 낭만적인 분위기를 연출하도록 도움을 주기는커녕 데이트를 방해한다. 여자 친구는 당신의 대화에 집중하려고 노력하지만, 불편한 표정으로 음유시인을 힐끔힐끔 곁눈질할 정도로 시끄럽다.

음유시인은 음악이 시끄러워서 쳐다보는 여자 친구의 곁눈질을 보고 자기 연주에 빠졌다고 착각하고 아예 테이블에 붙을 정도로 다가선다! 이제 더 이상 음유시인은 두 사람을 위해 연주하지 않고 당신을 등지고 여자 친구에게만 노래한다. 여자 친구가 어이없는 눈으로 당신을 쳐다보면 음유시인은 기타를 더 세게 쳐서 그녀의 눈길을 자기에게로 빼앗는다. 당신은 이 황당한 상황을 보면서 이렇게 생각한다. "아니 이 사람, 내가 보는 앞에서 내 여자 친구에게 수작을 부리고 있네."

당신이 고용한 음유시인이 경쟁자가 되었다.

자, 당신이 고용한 음유시인이 당신 앞에서 여자 친구에게 추근대며 추태를 부리는 상상은 정말 터무니없어 보인다. 하지만 현실에서는 자신을 신랑의 친구라고 부르는 많은 사람이 이런 행동을 하고 있다. 슬프게도 우리는 자신을 신랑의 친구라고 부르면서 신랑 앞에서 신부의 환심을 얻으려고 애쓴다.

신랑의 친구가 신부에게 추파를 던지기 시작하면 더 이상 신랑의 친구가 아니라 경쟁자일 뿐이다. 당신은 신랑의 친구인가 아니면 경쟁자인가?

예배는 사업이 아닙니다
예배는 관계입니다

.
.
.
.

CHAPTER 7

영적인
내시

우 리가 가장 피하고 싶은 일, 일어나지 않았으면 하는 일
은 우리가 예수님의 경쟁자가 되는 것이다. 마찬가지
로 예수님도 우리가 신랑의 친구로서 신부 앞에서 부적절하게 행
동하여 주님과 경쟁하는 것을 가장 싫어하신다.

예수님은 친구들이 신부와 개인적인 관계를 맺고 끝까지 진
실함을 지키는 데 필요한 모든 것을 기꺼이 하신다. 심지어 예수
님은 친구들이 신부와의 관계에서 진실함을 지키는 데 필요하다
면 친구들을 내시로 삼으신다. 주님은 우리를 영적인 내시로 만
드셔서 주님의 진정한 친구로서 신부를 섬기게 하신다.

나는 "영적인 내시"의 의미를 설명하기 위해 고대 왕족에서
내시의 역할을 살펴보려고 한다.

내시의 역할

사도행전에 에티오피아 여왕의 궁전에서 내시로 섬긴 한 남자의 흥미로운 이야기가 나온다. 그는 예루살렘 성지 순례를 마치고 에티오피아로 돌아오는 길에 읽고 있던 이사야서의 메시아 이야기를 도무지 이해할 수 없었다. 하나님의 영은 이 내시에게 빌립 집사를 보내셔서 참된 메시아이신 예수님이 이사야의 예언을 어떻게 성취하셨는지 깨닫게 하셨다.

우리는 성경을 통해 이 내시가 "에디오피아 사람 곧 에디오피아 여왕 간다게의 모든 국고를 맡은 관리인 내시'(행 8:27)인 것을 안다. 여기에서 한 가지 질문이 생긴다. 왜 여왕은 내시에게 모든 국고를 맡긴 것일까?

이 질문의 답은 여왕과 국고를 맡은 관리의 관계 본질을 분석하면 찾을 수 있다. 여왕은 자신의 국고를 맡을 재무관으로 유능하면서 아주 개인적이고 사적인 부분까지 소통할 수 있는 사람이 필요했다. 성경에는 나오지 않지만 만일 간다게 여왕에게 남편이 있었다면 이렇게 말했을 것이다. "누가 국고를 관리하든지 당신과 매우 가까이에서 일해야 하므로 만에 하나라도 불손한 일이 일어나지 않을 거라는 확신이 있어야겠지. 그러므로 당신이 누구를 선택하든 그 사람은 내시여야 하오." 따라서 간다게 여왕은 자신과 남편의 관계에 끼어들지 않을 내시를 재무관으로 임명했다.

역사를 보면 여왕만 내시를 활용한 것이 아니라 왕도 내시를 활용했다. 고대 왕들은 자신을 섬길 신하로 탁월한 남성을 선택하여 강제로 내시로 만든 후 궁전에 데려오는 관행이 있었다. 예를 들면 느부갓네살 왕이 다니엘과 세 친구, 사드락과 메삭과 아벳느고에게 그렇게 한 것으로 보인다(단 1:7). "왜 왕이 궁전에 내시를 두었을까?"라는 질문의 답은 앞에서 본 것처럼 간단게 여왕이 주변에 내시를 둔 것과 같은 이유 때문이다. 왕이 궁전에서 자신을 섬길 신하로 내시를 둔 이유는 왕의 신부 때문이다. 일단 내시가 된 사람들은 여왕 앞에 설 수 있는 신뢰를 얻었다.

고대 왕들은 종종 자기 왕국에서 가장 아름다운 처녀를 선택하여 시중을 들게 했다. 왕이 선택한 신부의 놀라울 정도로 아름다운 모습은 그 자체로 왕에게 큰 기쁨을 주었으며 동시에 왕을 돋보이게 했다. 하지만 아름다운 신부에게도 한 가지 부정적인 측면이 있었다. 혹시나 누군가가 기회를 틈타서 신부의 환심을 사려고 하지 않을까? 따라서 왕은 모든 사람을 아무 조건 없이 믿을 수 없었기 때문에 신부의 시중을 들 사람을 매우 까다롭게 골랐다. 신부의 시중을 들도록 왕이 믿고 맡길 사람이 필요했다.

해결책은 단순하다. 내시에게 신부를 맡기는 것이었다. 내시들은 강하고 보호심이 뛰어나며 유능하고 똑똑하다. 그리고 무엇보다 안전했다. 내시는 신부를 안전하게 보호했다.

왜 내시가 신부에게 안전한 친구들이었을까? 왜냐하면 내시들은 신부를 탐하려는 욕망의 원인을 삶에서 물리적으로 제거했기 때문이다.

한번은 내가 어떤 모임에서 영적인 내시의 의미를 나눈 후에 참석한 지도자 중 한 사람이 "그건 할례가 아니라 거세입니다!"라고 말했다. 얼마 후 거세의 의미를 묵상하던 중에 내 친구 제프엘이 한 말이 떠올랐다. 제프는 이렇게 이야기했다. "신약성경에서 새 언약의 사역자의 본질을 비유적으로 가리키는 데 사용한 동물은 오직 한 종류뿐이야." 제프는 그 동물이 고전 9:9과 딤전 5:18에서 바울이 구약에서 인용한 '곡식을 밟아 떠는 소의 입에 망을 씌우지 말라'는 말씀에 나오는 수소ox라고 말했다.

제프는 나에게 질문했다. "수소가 어떤 소인지 아나?" 나는 수소가 독특한 품종의 소일 거 같다고 말했지만, 내 대답은 틀렸다. 수소는 우유나 고기를 생산하기 위한 암소와 다른 품종이 아니라 단순히 거세된 늙은 황소일 뿐이다. 거세된 어린 소를 수송아지 STEER라고 부르며 3살이 넘으면 수소ox라고 부른다(한국에서는 수소를 황소라고 부른다). 수소는 무겁고 힘이 셀 뿐만 아니라 성질이 급하고 난폭하며 영역 본능이 강하고 매우 위협적이다(시 22:12). 길들이지 않은 수소는 사나운 성격 때문에 로데오 경기에서 사용하는 데 이런 경기용 수소는 멍에를 메게 하지 않는다.

수소를 농사에 사용하려면 먼저 거세를 해야 했다. 거세한 나이 든 수소는 농부에게 매우 귀중한 자산이다. 거세하고 길들인 수소는 튼튼하고 부지런하며 말을 잘 따르고 온순할 뿐만 아니라 매일 장시간의 노동도 잘 견딘다. 지금은 소가 하던 일을 농기계가 대신하기 때문에 미국 농장에서는 수소를 찾아보기 힘들다. 하지만 내가 베트남을 방문했을 때 들판에서 일하던 소를 꽤 많이 본 기억이 난다. 아직도 일부 국가에서는 여전히 밭을 갈고 무거운 짐을 끌기 위해 수소를 사용한다.

성경은 교회를 하나님의 밭이라고 부른다(고전 3:9). 농부가 소를 사용하여 밭을 갈아 추수를 준비하듯이 하나님은 하나님 나라를 위해 많은 것을 성취하도록 길들여지고 훈련된 종들을 통해 추수를 준비하신다. 하나님이 새 언약의 지도자들을 소에 비유하시다니 얼마나 놀라운가!

하나님은 사역자들이 효과적으로 주님을 섬기도록 먼저 그들의 내면에서 무언가를 잘라내신다. 그런 점에서 소는 하나님의 종들을 표현하는 정말 탁월한 비유다.

에스겔이 하나님의 보좌를 둘러싼 네 생물의 환상을 보았을 때 각 생물에 네 얼굴이 있었다고 말한 것도 똑같이 흥미롭다. 네 생물은 각각 사람, 사자, 독수리, 황소의 얼굴이었다(겔 1:10). 네 생물에게 황소의 얼굴이 있었다는 의미는 전능하신 하나님을 섬기는 종으로서 유용하게 쓰임 받기 위해 온유함의 능력으로 놀라운 권능을 얻었다는 의미이다.

다시 본론으로 돌아가서, 내시는 신부에게 아무것도 바라지 않으면서 자유로움으로 시중을 들었다. 왕은 내시에게 음식, 음료, 의복, 숙소, 월급을 포함한 모든 것을 제공했다. 내시는 왕에게서 필요한 것을 다 받았기 때문에 굳이 신부에게 따로 요구할 것이 없었으므로 내시는 신부에게서 아무것도 얻으려 하지 않았다. 그래서 내시는 신부를 섬기는 대가를 바라거나 요구하지 않으면서 완전히 자유롭게 신부를 섬길 수 있었다.

헤개라는 이름의 내시

구약성경의 에스더서에는 신부와 내시의 관계에 담긴 본질이 잘 나타난다.

마침내 모르드개의 숙부 아비하일의 딸이자 모르드개의 양녀로 자라난 에스더가 왕에게 나아갈 차례가 되었다. 에스더는 궁녀들을 돌보는 내시 헤개가 정해준 것 외에는 특별히 따로 아무것도 요구하지 않았다. 그런데도 에스더를 보는 사람들마다 그녀의 사랑스러운 모습에 모두 감탄했다. (더 2:15, 쉬운말)

바사 왕 아하수에로는 내시 헤개를 선택하여 왕의 신부 에스더의 시중을 들게 했다. 왕은 헤개가 에스더를 성가시게 하지 않고 충실하게 섬길 것이라고 믿었다. 즉 헤개는 에스더를 가장 친밀하고 개인적인 방식으로 섬길만한 자격을 갖춘 사람이었다.

헤개는 에스더를 아름답게 꾸미기 위해 손과 발을 손질해 주고 머리를 꾸미고 얼굴을 마사지하며 로션도 발라주고 향수를 뿌리거나 드레스 입는 것을 도왔을 것이다. 에스더의 준비 과정에서 헤개의 역할이 무엇이든 간에 헤개는 왕의 신부에게 흑심을 품고 부적절하게 접촉하지 않고 현명하게 임무를 수행했다.

이 생생한 비유에서 아하수에로는 하늘의 지극히 높으신 왕, 에스더는 그리스도의 신부, 그리고 내시 헤개는 신부를 준비하기 위해 영적인 내시가 된 교회 지도자들을 상징한다.

내시 - 신부를 위한 안전한 동반자

위대하신 영광의 왕께서 이제 가장 아름다운 신부와 결혼할 준비를 하신다. 신부는 지금 아름답게 단장하고 왕을 맞이할 준비를 하고 있다. 왕은 신부가 결혼 예식에 합당하게 준비하도록 시중을 들 내시를 뽑는 중이다. 이 내시들은 자신에게서 신부의 관심과 애정을 원하는 욕구를 결연히 잘라낸 교회 지도자들이다.

하나님은 어떻게 영적인 내시를 만드시는가? 주님은 어려운 환경이라는 날카로운 수술칼을 구속적으로 사용하시어 주님을 섬기는 종들의 삶과 마음의 동기와 문제를 변화시키신다. 하나님의 수술이 성공적으로 끝나면, 주님의 종들은 오직 하나님의 영광만을 추구한다(요 5:44). 이제 신부의 아낌없는 칭찬과 관심은 영향력을 잃고 종들의 마음을 움직이지 못한다.

이전에는 종들의 마음이 신부의 관심과 칭찬에 마치 자석 앞의 쇠붙이처럼 끌려다녔다면, 하나님의 다루심을 받은 내시 된 지도자들의 마음은 자석 앞의 과일처럼 전혀 요동하지 않는다. 어려운 환경과 상황이라는 하나님의 수술칼이 내시 된 지도자들의 마음속 신부의 칭찬에 끌릴 요소를 모두 잘라버렸기 때문이다.

그러나 왕이신 하나님의 수술칼을 통과하지 않은 지도자들의 마음은 신부의 관심과 칭찬이라는 자석 앞에 속수무책으로 흔들린다. 지도자들이 신부가 보내는 존경과 칭찬과 인정을 갈구할 때, 지도자의 내면에 있는 무언가가 신부를 유혹하기 시작한다.

신랑의 친구들이 신부에게 잘 보이기 위해 노력하기 시작한다면, 더 이상 신랑의 친구가 아니라 신랑의 경쟁자일 뿐이다. 예수님은 친구들을 정말 사랑하시기 때문에, 함정에 빠지지 않도록 미리 보호하신다. 주님은 어떤 방법으로 우리를 보호하실까? 친구들이 신부 곁에 있어도 안전하도록 영적인 내시로 만드신다.

나는 오늘날 많은 사람에게 유행하는 야베스의 기도를 좋아
한다. "주께서 내게 복을 주시려거든 나의 지역을 넓히시고."(대
상 4:10) 올바른 마음으로 드리는 기도라면 정말 아름답고 멋진
기도다. 그러나 신부의 관심과 사랑을 얻으려는 사람이 이 기도
를 드린다면 왕이신 하나님은 이렇게 응답하실 것이다. "너는 내
신부와 교제하면서 이미 내 영역을 침범했다. 너는 내가 너에게
맡긴 것을 신부에게 평판을 높이고 유명해지는 데 사용했다. 더
이상 내가 너를 신뢰할 수 없는데 왜 너에게 더 주어야 하느냐?"

내시의 효용성

예수님은 일종의 불타는 헌신에서 나오는 절대적 진실함과
경외심 가득한 존중으로 신부와 교제하신다. 신랑의 진정한 친
구인 내시들은 예수님을 향한 불타는 헌신을 바탕으로 신부를 보
호한다. 이것이 중요한 이유는 마지막 때 교회에 풀어질 권능 때
문이다. 교회의 가장 영광스러운 날이 바로 우리 앞에 있다.

하나님은 자녀들 가운데 거처를 두고 거주하시며 회중 예배
는 폭발적으로 타오를 것이다. 치유와 기적이 의학적으로 검증
되어 모든 사람이 보고 인정할 것이다. 천사의 활동이 증가하고
하나님의 영광을 경험하기 위해 원근 각처에서 사람들이 몰려와
서 교회가 다 수용할 수 없어 거대한 공연장과 경기장, 야외 원형

극장에서 집회가 열릴 날이 곧 다가온다.

그리스도께서 이렇게 놀라운 권능과 영광으로 우리를 방문하시고 교회 지도자들이 사람들에게 그리스도의 축복을 전달하는 통로로 사용될 때, 신부들이 하나님이 쓰시는 지도자에게 관심을 가지는 것은 당연한 일이다. 신부는 지도자들의 은사와 통찰력, 강단 위에서의 기름 부음에 어느 정도 매료될 수 있다.

그러므로 하나님은 마지막 날 위대한 성령님의 기름을 부으시기 전에 먼저 평판과 명예욕, 권력과 야망을 십자가에 못 박은 영적인 내시를 준비하신다. 예수님의 진정한 친구들의 가장 큰 갈망은 예수님의 이름이 온 땅에서 영광 받으시는 것이다. 영적인 내시들은 자기 이름을 자랑하고 전파하지 않으며 오직 한 분 예수님의 이름만 자랑하고 전파할 것이다.

신랑을 향한 신부의 사랑을 완성하는 것이 유일한 갈망인 영적인 내시를 찾아라. 그는 마지막 때의 기름 부음을 감당할 믿을 수 있는 그릇이다.

예배는 사업이 아닙니다
예배는 관계입니다

·
·
·
·

CHAPTER 8

예배 산업

어쩌면 영적인 내시와 삯꾼의 이야기는 다소 추상적이고 신학적인 이론으로만 보일 수 있다. 그러나 나는 이것이 우리 삶과 신앙에 얼마나 실제적인 관련이 있는지 설명하려 한다. 그러므로 다음 8, 9, 10장에서는 예배와 말씀 사역을 섬기는 사람들에게 이 원칙 중 몇 가지를 구체적으로 적용해 보겠다.

어떤 역할이나 방식이든 예배나 말씀 사역을 섬긴다면 개인적으로 매우 중요한 것을 예수님과 공유하는 것이다. 예수님은 말씀 사역으로 신부를 정결케 하시고 그리스도의 몸을 세우는 데 필요한 준비를 시키신다(엡 4:12, 5:26). 또 예배 사역으로는 신부를 회복하시고 활력을 불어넣으신다. 그러므로 예수님이 예배와 말씀 사역을 특별히 세심하게 감독하시는 것은 매우 당연하다.

이렇게 생각해 보자. 목회자와 예배 인도자는 신부와 신랑이 사랑을 주고받는 과정에 관여한다. 목회자와 예배 인도자의 사역은 본질적으로 온 우주의 통치자이신 주님과 택하신 신부 사이에 이런 마음으로 서는 것이다.

"제가 두 분을 돕겠습니다. 이 사랑의 관계를 섬기게 해주세요. 예수님, 주님의 신부가 넘치는 사랑과 헌신으로 주님을 더 뜨겁게 사랑하도록 돕겠습니다. 교회여, 사랑하는 주님이 어떤 분인지 이해하도록 당신을 돕고 주님의 선하심과 은혜를 아는 지식에서 성장할 수 있도록 돕겠습니다."

우리가 목회와 예배 인도 사역에 하나님의 주권적인 부르심을 받지 않고 천국의 왕이신 주님과 신부 사이의 사랑을 돕는 중매자 역할에 도전하는 것은 무섭도록 주제넘고 터무니없는 일이다. 사실 예수님은 신부와의 사랑에 우리의 "자칭 연애 전문가 코칭"이 필요 없으시다. 예수님은 연애 전문가가 아니라 신부를 섬길 진정한 친구들이 필요하시다.

만일 사역을 그만둘 수 있다면 대부분 그만두고 사역의 무거운 책임감을 모르는 어리석은 사람만 남아 있지 않을까. 우리가 계속 사역하는 유일한 이유는 주님의 부르심을 받고 묶인 바 되었기 때문이다. 사도 바울은 이렇게 말한다.

¹⁶ 내가 복음을 전할지라도 자랑할 것이 없음은 내가 부득불 할 일임이라 만일 복음을 전하지 아니하면 내게 화가 있을 것이로다 ¹⁷ 내가 내 자의로 이것을 행하면 상을 얻으려니와 내가 자의로 아니한다 할지라도 나는 사명을 받았노라 (고전 9:16~17, 개정)

나는 당신이 사역을 그만둘 수 있다면 당장 그만두라고 조언한다. 다른 일을 할 수 있다면 그 일을 하라. 행정가, 의사 혹은 건축가도 나쁘지 않다. 잘하고 있는 사역을 내려놓고 다른 일을 알아보라니 도대체 이게 무슨 말인가? 내가 이렇게 말하는 이유는 단순하다. 예배는 질투하시는 하나님이 직접 감독하는 영역이기 때문이다. 왕께서 예배 인도자의 청지기 직분에 책임을 물으실 것이다. 그러므로 예배 인도는 두려운 일이다. 지금 우리가 주님의 불같은 질투를 느끼는 것은 온 우주의 왕이신 하나님의 신부를 섬기는 일을 맡았기 때문이다.

예배와 교회 성장

우리가 가장 피해야 할 것은 예배 사역에 사업적인 사고방식을 도입하는 것이다. 주님이 이 영역을 두고 나를 책망하셨을 때 비로소 나는 사역의 성장을 위해 예배를 이용하고 있었다는 사실을 깨닫고 회개했다. 나는 하나님이 주신 재능과 기름 부음을 활용하여 회중 예배의 추진력과 교회 성장에 도움을 주는 분위기와 문화를 만들었다. 겉으로 볼 때는 모든 것이 오직 예수님을 위한 것처럼 보였지만, 자비하신 주님은 내 눈을 여셔서 내가 주님보다 일에 더 많이 투자했다는 사실을 깨닫게 하셨다. 나는 소유욕이 너무 많았고 내 유익을 위해 예배를 이용하고 있었으며 내 비전을 이루기 위해 신부를 이용했다. 나도 모르게 사역 전문가로 변해가고 있었다. 나는 사업이나 일이 아닌 주님과의 친밀한 관계로 돌아가기 위해 주님의 도움이 필요했다.

나는 교회 성장 전문가들이 이렇게 말하는 것을 들었다. "만일 당신이 지혜롭고 전략적이라면 설교와 예배를 이용해서 교회를 성장시킬 수 있습니다." 내 인생에서 주님의 징계하시는 손길을 경험하면서 나는 주님이 예배를 교회 성장의 도구로 생각하지 않으신다는 것을 깨달았다. 예배는 사업이 아니라 주님과의 개인적인 관계다.

나는 자신에게 어려운 질문을 던져야 했다.

나는 사역을 내 영향력과 인지도를 넓혀 하나님을 위해 더 큰 일을 하는 도구로 이용하는 것일까? 아니면 예수님이 나를 종으로 부르셨기 때문에 예수님을 향한 개인적인 충성심으로 사역하는 것일까? 나에게 사역은 주님과의 개인적 관계에 기초한 것인가 아니면 사업일 뿐인가?

전문가

하나님의 친구들이 사역 전문가처럼 생각하고 행동하기 시작하면 매우 위험하다. 신자들이 우리를 '목사님', '박사님', '감독님'이라고 부를 때 우리도 모르게 자신이 다른 사람보다 더 우월하다고 생각하는 것을 주의해야 한다. 예수님 당시 사역 전문가였던 바리새인들을 지배했던 영이 지금도 역사하고 있다.

하나님이 역사상 가장 큰 변화인 아기 예수님의 탄생을 위해 이 땅을 준비하실 때, 고독한 목회자나 성직자들은 하나님이 하시는 일에 귀 기울이지 않았다. 사역 전문가들은 처녀가 메시아를 잉태했다는 사실을 전혀 몰랐다. 바리새인과 서기관, 장로 등 그 누구도 영적인 단서를 포착하지 못했다. 단서를 포착했어야 할 사람들은 그러지 못했다. 그러면 누가 영적인 단서를 포착했는가? 유명하지 않았고 직함도 없었지만, 기도의 영으로 불타올랐던 시므온과 안나라는 사람이 영적인 단서를 포착했다.

지도자의 직책과 자리는 우리가 유지해야 할 영적인 민감성을 놓치고 산만하게 할 수 있다. 우리는 신부를 섬기는 데 지나치게 몰두한 나머지 신랑과의 중요한 관계를 소홀히 할 수 있다. 우리는 수많은 사역자가 추구하는 핵심과 목표가 신랑과의 관계가 아니라 신부와의 관계인 시대에 살고 있다. 사역자들은 신랑보다 신부와의 관계에 더 많은 힘을 소비한다.

나는 한 유명한 지도자가 목회자를 위한 훈련 과정에서 설교하면서 자신의 실천을 칭찬하는 내용을 들은 적이 있다. "저는 성경을 결코 나 자신을 위해서 읽지 않습니다. 저는 그 단계를 넘어섰으며 다른 사람들을 먹이기 위해 말씀을 읽습니다."

이 지도자의 말은 언뜻 들리기에는 다른 사람을 섬기기 위한 이타적인 실천으로 보인다. 하지만 머리보다는 몸에 더 많은 관심을 기울이는 영적인 지도력은 결국 파산하게 되어 있다. 지도자가 하나님의 양 떼를 먹이기 위해 충실해야 하는 것은 사실이지만, 예수님을 위한 진정한 증인이 되는 유일한 방법은 먼저 자신을 위해 말씀을 읽은 후에 성령님의 개인적인 말씀을 넘치게 받아 양 떼를 먹이는 것이다.

신랑의 참된 친구는 설교 자료를 찾기 위해 말씀을 읽는 것이 아니라 성경 속에 살아계신 주님을 만나기 위해 말씀을 읽는다. 신랑의 참된 친구는 신랑과 불같이 뜨겁고 친밀한 관계를 유지해야만 신부를 효과적으로 섬길 수 있다는 사실을 잘 안다.

예수님과 인격적이고 강력한 관계를 맺으며 예수님을 만나는 목적으로 성경을 읽는 사람들이 마지막 세대의 위대한 지도자로 일어설 것이다. 이 시간에 예수님을 향한 뜨거운 열정을 보여주지 못한다면 어린양의 혼인 잔치를 위해 신부를 준비시킬 자격이 없는 사람으로 여겨질지도 모른다.

예배는 산업인가?

나는 1980년대 중반에 '예배 심포지엄WORSHIP SYMPOSIUM'이라는 행사의 강사진이었다. 그곳에서 나는 "라이브 워십" 카세트테이프를 제작하는 비전이 있는 새로운 사역 단체를 소개받았다. 이 단체는 성령님이 교회 예배에 신선한 생기를 불어넣으시는 때에 그 불씨를 지피기 적절한 시기에 맞물려 현장에 등장했으며, 그리스도의 신부가 새로운 노래로 무장하여 이 땅에 역동적인 찬양과 경배가 터져 나오도록 도왔다.

이 라이브 워십 테이프 사역의 초창기에 새로운 음반을 구하는 유일한 방법은 직접 우편으로 주문하는 것뿐이었다. 당시 현대 기독교 음악 산업은 이 아이디어를 회의적인 시선으로 보았다. "예배 인도자가 인도하는 회중 찬양을 녹음해서 판매한다고요? 진심이에요? 사람들이 그걸 살거라고 생각해요?" 아무도 그 테이프가 팔릴 것으로 생각하지 않았다.

1984년의 일반적인 회중 예배 모습을 생각해 보면 라이브 워십 테이프 아이디어는 터무니없었다. 왜냐하면 당시 회중 예배는 녹음할 만큼 듣기 좋기보다는 참고 들어야 할 수준인 경우가 더 많았기 때문이다. 하지만 막상 라이브 워십 테이프를 들은 사람들은 그 안에 담긴 그리스도를 향한 열정과 신선함, 생동감과 단순한 헌신에 즉시 공감했다.

이 음반들은 당시 현대 기독교 음악 산업의 기존 방향과 달리 사람을 강조하지 않고 예수님을 높였다. 이 사역의 우편 주문 사업은 폭발적으로 성장했다. 모든 사람이 이 사역의 라이브 워십 테이프를 사고 싶은 것처럼 보일 정도였다.

기독교 서점에 약간의 물량이 들어와도 금방 다 팔렸기 때문에 지역 교회가 대량 주문해서 교인들에게 직접 판매했다. 라이브 워십 테이프의 판매량은 말 그대로 엄청났기 때문에 판매업자들이 이 사실을 알아차리기까지 그리 오래 걸리지 않았다.

곧 전국의 기독교 서점 진열대에 라이브 워십 테이프가 등장하기 시작했다. 서점 주인들은 라이브 워십 테이프로 돈을 벌 수 있다는 사실을 깨달았다. 처음에는 매장 선반 한구석에 테이프 몇 개를 전시하는 수준이었지만, 수요가 급증하면서 매장에서 제일 좋은 자리를 차지했다. 비슷한 시기에 다른 사역팀들도 라이브 워십 테이프를 제작하고 발표하기 시작하면서 구매자의 선택 폭이 넓어졌다. 다양한 예배 음악을 고를 수 있게 된 것이다.

그 당시에 나는 항상 새 예배 테이프가 우편으로 도착하기를 고대했다. 놀랍게도 두 달에 한 번씩 새 테이프가 왔고, 나는 받자마자 열심히 듣고 또 들었다.

1990년대 초 어느 날, 나는 우편으로 새 예배 테이프를 받고 이번에는 어떤 놀라운 새 예배 곡이 있을지 기대하는 마음으로 카세트 데크에 테이프를 꽂았다. 재생 버튼을 누르자마자 가장 먼저 나온 말은 "신사 숙녀 여러분"이었고 다음 말은 예배 인도자의 이름(그는 그리스도 안에서 훌륭한 형제다)이었다. 나는 마치 명치를 한 대 세게 맞은 것처럼 숨이 막혔다. 라이브 워십이 하나님보다 사람을 전면에 내세우기 시작했다. 그 순간 나는 예배 운동이 하나의 산업이 되었다는 사실을 깨달았다.

나는 우리 모두가 얼마나 나쁜 사람들인지 말하려는 것이 아니다. 하나님은 그리스도의 이름에 영광 돌리기 위해 진실한 마음으로 부르짖는 무명의 종들을 사용하셔서 예배 운동을 세계 무대로 끌어 올리셨다. 지금 우리는 예배 운동 초기의 순수함을 잃어버렸지만 나는 낙심하지 않는다. 왜냐하면 하나님이 우리를 초기의 순수함과 열정으로 회복하실 것이기 때문이다.

나는 하나님이 예배 운동의 순수한 마음을 회복하시고 더 높은 차원의 헌신으로 인도하실 것으로 확신한다. 우리 하나님, 질투하시는 하나님이 반드시 그렇게 하실 것이다.

앞으로 하나님이 예배를 완전히 새로운 차원으로 끌어올리실 텐데, 그때 주님은 마케팅 담당자나 장사꾼이 아니라 주 예수 그리스도를 위해 불타는 마음으로 주님의 재림을 갈망하는 온유한 마음을 품은 사람들을 사용하실 것이다. 하나님은 예수님의 이름에 영광 돌리는 일을 돈으로 여기지 않는 사람들을 사용하신다.

나는 이 땅에 성령님의 마지막 큰 역사가 임할 때, 성령님의 임재를 이용해서 돈을 벌려는 장사꾼 중에 있는 것이 아니라 아름다우신 왕, 영광스러운 주님의 임재 앞에 고개 숙여 엎드린 예배자 중에 있기를 원한다. 여러분도 나와 함께 있기를 바란다.

예배는 사업이 아닙니다
예배는 관계입니다

.
.
.
.

CHAPTER 9

예배의
3가지 관점

나는 7장에서 교회에 임할 영광을 말하면서 마무리했다. 이번 장에서는 이 주제를 더 깊고 넓게 알아보려 한다.

우리는 그리스도의 재림 전에 있을 마지막 때 영혼 추수를 향한 확실한 기대감과 함께 주님이 방문하실 때 하나님의 종들이 효과적인 지도력을 발휘할 수 있도록 제대로 준비하는 것이 얼마나 중요한지 냉정하게 깨달아야 한다.

하나님이 얼마나 엄격한 기준으로 영적 내시를 세우시는지 생각해 보면 우리는 한편으로 이렇게 불평하고 싶은 마음도 든다. "주님, 너무 가혹하십니다. 제가 주님께 응답하기 위해 이렇게 가혹한 수술칼을 사용하실 필요는 없어요. 이건 연단이 아닙니다. 이러다 제가 죽겠어요."

만일 하나님이 나를 지나치게 연단하신다고 생각한 적이 있다면, 당신은 혼자가 아니다. 많은 하나님의 종이 같은 고민을 했다. 주의 종들의 삶에 역사하는 하나님의 징계의 참된 의미는 다가올 하나님의 방문과 추수를 제대로 바라볼 때 이해할 수 있다. 이제 곧 하나님은 역사 속에서 교회가 경험한 적 없는, 기하급수적으로 증가하는 회중과 헌금과 기적과 영적인 기세로 교회를 방문하실 것이다. 만일 우리가 미리 힘든 시기와 시험을 통과하며 우리 삶에 불필요한 것들을 적절하게 가지치기하지 않으면 다가올 영광이 오히려 우리를 파괴할지도 모른다.

마지막 때에 전능하신 주님이 유용하게 쓰실 지도자들은 삶에서 모든 이기적인 이해관계와 이익과 관심사를 절연히 잘라버리고 오직 예수님을 향한 개인적인 헌신으로 주님을 따르는 내시들이다. 이런 이해를 바탕으로 나는 앞으로 하나님이 예배하는 교회WORSHIPING CHURCH들을 어디로, 어떻게 인도하실지 전망하려고 한다. 먼저 우리가 어디에서 시작했는지부터 살펴보자.

준비 시간

잠시 내 어린 시절로 돌아가 보자. 1960년대만 해도 교회는 주로 예배를 '준비 시간' 중심으로 진행했다. 대부분의 예배는 준비 시간과 설교라는 두 가지 요소만 있었다. 설교 전의 모든 과정은 설교를 위한 '준비 시간'이었으며 핵심은 설교였다. 설교에 이르는 모든 과정은 부가적이었다. 따라서 찬양과 경배, 기도, 성서 낭독, 성찬식, 광고, 헌금, 유아세례(헌아식), 특송 등은 모두 준비 시간이었다. 찬양과 경배 역시 여러 준비 시간 중 하나였다. 그렇다고 해서 당시에 찬양과 경배를 중요하게 여기지 않았다는 말이 아니다. 다만 하나님의 말씀을 전하는 설교만큼 중요하게 여기지 않았다는 의미이다.

다음의 예는 1960년대 예배의 우선순위를 잘 보여준다.

내가 자란 교회 전통에서 예배 인도자가 되기 위한 일반적인 자격 조건은 한 가지였다. 노래할 수 있는지 물어봤을까? 아니다. 음악가인지 물어봤을까? 아니다. 이런 것은 예배를 인도하는 데 필요한 자격이 아니었다. 그렇다면 예배자의 마음이 있는지 물어봤을까? 역시 아니다. 당시에 예배를 인도할 사람에게 주로 한 질문은 이것이다. "교회 임원입니까?" 만일 그렇다면, 예배를 인도할 자격이 있었다. 당시의 예배 인도는 교회 임원이 회중에게 자신을 드러내는 자리이기도 했다.

이제 많은 것이 변했다. 지금은 많은 교회에서 예배 인도자가 사례비를 받으면서 전임으로 사역하는 것이 이상하지 않지만 1960년대의 목사들은 예배 인도자가 교회에서 급여를 받고 직책을 맡는 일은 상상조차 하지 못했다.

임재

그리고 또 무슨 일이 일어났을까? 1970년대 미국에서 흔히 은 사주의 갱신CHARISMATIC RENEWAL이라고 부르는 성령 운동이 일어 났다. 이 운동을 통해 교회에 기름 부음 있는 가르침의 영광스러 운 물결과 예배의 영광스러운 갱신이 함께 일어났다.

아마도 당시 예배에서 가장 주목할 만한 계시는 시편 22:3, "이스라엘의 찬송 중에 거하시는 주여 주는 거룩하시니이다(개역 한글)"의 의미를 교회가 깨달은 것이었다. 하나님이 이스라엘의 찬양 속에 거주하신다는 메시지가 그리스도의 몸 전체에 폭발적 으로 퍼졌다. 우리가 하나님을 찬양할 때, 하나님은 우리 중에 임 재를 나타내심으로써 응답하신다.

이 강조점은 교회의 예배를 완전히 새로운 차원으로 이끌었 다. 나는 이것을 예배의 "임재PRESENCE 중심" 관점이라고 부른다. 교회는 예배가 하나님의 임재 안으로 들어가는 길이라는 것을 깨 달았다. 찬양과 경배의 능력이 교회를 압도한 결과 우리는 예배 의 핵심이 설교 하나만이 아니며, 찬양과 경배도 설교만큼 중요 하다는 것을 깨닫고 예배 방식을 바꾸었다.

교회는 예배 순서에서 찬양과 경배도 계획과 준비에 설교와 동등한 수준의 충분한 투자를 할 가치가 있다고 생각하기 시작했 다. 목회자가 주일 아침에 "준비 없이" 설교하면 안 되는 것처럼 예배 인도자 역시 "준비 없이" 찬양과 경배를 인도하면 안 된다고 생각했다.

그때부터 교회는 주일 아침에 급하게 찬양을 선곡해서 노래 하던 습관을 버리고 주중에 예배팀이 시간을 정해서 함께 모여 기도하고 연습하기 시작했다. 새로운 차원의 헌신이 예배의 음악적 표현에서 새로운 차원의 탁월함을 나타내기 시작했고 오늘 날까지도 계속 성장하고 있다.

예배의 임재 중심 관점은 이전의 준비 시간 관점을 완전히 뛰어넘어 모든 나라와 교파를 강타했다. 그로부터 30년이 지난 지금도 임재 중심 관점은 현대 교회의 보편적인 예배 관점으로 남아 있다. 성도들은 주일 아침에 모여 하나님이 우리 중에 임재하시기를 기대하며 찬양의 노래를 부른다. 예배가 끝나면 모두 집으로 돌아가 한 주를 보내고 다음 주일에 다시 모여 찬양과 경배를 통해 하나님의 임재를 다시 간구한다. 주일 예배는 일주일이라는 간격 때문에 매번 모일 때마다 마치 처음부터 다시 시작하는 것처럼 느껴진다.

임재 중심 관점은 정말 좋은 예배 관점이지만 우리는 영원히 임재 중심 관점에만 머물러 있지 않을 것이다. 사실 나는 우리에게 시간이 얼마 남지 않았으며, 하나님이 우리를 새로운 차원으로 옮기시는 중이라고 생각한다.

하나님의 거주하심

하나님이 우리를 임재 중심 관점의 한계를 뛰어 넘어 주님의 마음에 있던 충만한 새 관점으로 인도하실 날이 곧 다가온다. 나는 이것을 예배의 '거주HABITATION' 관점이라고 부른다.

'거주'는 바울이 에베소서 2:21~22에 말한 것을 설명하기 위해 내가 사용하는 단어다.

²¹ 그의 안에서 건물마다 서로 연결하여 주 안에서 성전이 되어 가고 ²²
너희도 성령 안에서 하나님이 거하실 처소가 되기 위하여 그리스도 예
수 안에서 함께 지어져 가느니라 (엡 2:21~22)

하나님의 목적은 교회가 주님이 거하실 처소가 되는 것이다. 하나님은 단지 일주일에 한 번만 자녀들을 방문하시는 것이 아니라 자녀 중에 처소를 마련하시고 함께 거하기를 원하신다. 주님은 하늘의 성도들과 함께하신 것처럼 이 땅의 성도들과 24시간 연중무휴로 멈추지 않고 뜨겁게 교제하기를 원하신다. 주님은 하늘에서 이루어진 것 같이 땅에서도 이루어지는(마6:10) 예배, 끊임없는 예배, 아낌없는 예배, 자신을 내던지는 예배를 원하신다.

시작했다 멈추고 또 시작했다 멈추는 예배는 끝났다. 90분짜리 기독교는 끝났다. 하나님이 이 시대의 교회를 24시간 연중무휴 기도의 집으로 세우시는 이유는 우리가 드리는 예배의 처소에

오셔서 거주하길 원하시기 때문이다.

아모스 선지자는 이렇게 예언했다.

그날에 내가 다윗의 무너진 장막을 일으키고 그것들의 틈을 막으며 그
허물어진 것을 일으켜서 옛적과 같이 세우고 (암 9:11)

아모스 선지자가 말한 다윗의 장막은 24시간 연중무휴 예배
를 의미한다. 다윗이 수천 년 전 시온에서 24시간 찬양과 경배를
드린 이유는 하나님의 처소를 향한 비전이 있었기 때문이다. 다
윗은 보좌에 계신 하나님이 끊임없는 감사와 찬양에 둘러싸여 계
신 것을 알았다. 또한 이 땅에 하나님을 향한 멈추지 않는 애정
어린 감사와 찬양의 안식처가 세워질 때까지 하나님의 처소를 볼
수 없다는 것도 알았다.

사랑하는 여러분, 하나님은 예배 시간을 줄이지 않으시고 오
히려 24시간 연중무휴로 확장하고 계신다.

하나님이 오셔서 거하시면 예배가 멈추지 않는다. 하나님이
계시면 아무도 떠나고 싶지 않기 때문이다. 하나님이 처소에 오
셔서 거하시면 예배실의 조명과 음향 시스템을 전부 꺼도 사람들
은 떠나지 않고 집회가 계속된다. 몇 사람은 다른 일 때문에 잠시
자리를 비우겠지만 곧 다시 돌아온다. 하나님의 영광이 자녀들
에게 나타나면 집회는 끊임없이 계속된다.

이것이 바로 광야에서 예수님과 함께한 무리의 모습이다. 광야의 무리는 주님과 함께 있는 것이 정말 영광스러웠기 때문에 떠나지 않고 먹을 것이 없다는 사실에도 아랑곳하지 않으며 아예 광야에서 야영하면서 예수님과 함께했다. 그렇게 3일이 지나자, 예수님은 강제로 집회를 끝내고 산으로 올라가셨다. 왜냐하면 예수님이 계시면 사람들도 계속 거기 머물렀을 것이기 때문이다. 사람들은 "거주하심의 영광GLORY OF HABITATION"을 누렸고 그 영광이 멈추지 않기를 원했다.

하나님의 거주하심은 복잡하거나 상상 속의 이야기가 아니라 명확하고 단순하다. 하나님이 그곳에 계시면서 주님의 임재를 사람들이 볼 수 있는 권능과 영광으로 나타내신다는 의미이다.

현대의 일부 교회들은 더 많은 사람을 건물 안으로 모으기 위해 갈수록 예배 시간을 단축한다. 그러나 우리는 성령님이 24시간 연중무휴로 교회를 이끄시는 이 시대에 "더 간단하고 짧게 예배하자"라는 잘못된 흐름에 동참하면 안 된다.

일부 목회팀은 "어떻게 하면 90분간 드리던 예배에서 불필요한 요소를 빼고 75분으로 줄이면서 같은 효과를 낼 수 있을까?"라는 질문으로 씨름한다. 이들은 예배 시간이 짧아지면 구도자나 불신자들의 구미에 맞는 예배를 제공할 수 있다고 생각한다. 나는 교회에 다니지 않는 사람들에게 어떻게든 다가가려는 열망은 좋다고 생각한다. 하지만 미국 교회를 포함한 현대 교회의 근본 문제는 예배에 참석하는 사람이 부족한 것이 아니라 우리 예배에 하나님이 부족하다는 점이다!

우리는 '추수를 위한 노력'이라는 거창한 이유로 신부의 호감을 얻기 위해서라면 사업적인 관행도 마다하지 않는 삯꾼이 주도하는 소위 "전문적인 사역 모델"의 결과를 지켜보았다. 우리는 신랑의 음성을 듣고 싶은 갈망으로 마음 아파하는 것이 아니라 참석자 증가라는 목적 때문에 신부의 음성에 더 집중하고 있다. 자기 목적이 아니라 신랑의 목적을 위해 불타오르는 신랑의 친구들은 어디에 있는가?

나는 사람들이 본질상 매우 쉽게 지루해한다는 놀라운 결론에 도달했다. 따라서 한 교회에 3백 명이 모이면 지루함은 3백 배가 되고, 3천 명이 모이면 지루함은 3천 배가 된다. 그러나 교회에 하나님이 역사하시면 완전히 달라진다! 요한계시록 21:3에 우리가 간절히 바라는 충만한 거주 하심이 나온다.

> [3] 내가 들으니 보좌에서 큰 음성이 나서 이르되 보라 하나님의 장막이 사람들과 함께 있으매 하나님이 그들과 함께 계시리니 그들은 하나님의 백성이 되고 하나님은 친히 그들과 함께 계셔서 [4] 모든 눈물을 그 눈에서 닦아 주시니 다시는 사망이 없고 애통하는 것이나 곡하는 것

이나 아픈 것이 다시 있지 아니하리니 처음 것들이 다 지나갔음이러라

(계 21:3~4, 개정)

하나님이 자녀들을 장막으로 덮으실 때 우리는 참으로 영광스러운 광경을 보게 될 것이다! 그날에 우리는 하나님의 거처가 사람과 함께 있다는 말씀이 어떤 의미인지 충만하게 경험할 것이다. 아버지께서 실제로 이 땅에 천국을 가져오셔서 우리와 함께 거할 영원한 처소를 세우실 것이다!

그러나 나는 안타깝게도 주님이 다시 올 때까지 "충만한 거주하심"이 일어나지 않는다는 것을 깨달았다. 비록 우리가 이 시대에서는 이렇게 놀라운 수준의 영광을 경험하지 못하겠지만, 하나님의 다양한 지혜와 은혜를 따라 이 시대에 그 충만함의 일부를 경험할 수 있다고 믿는다. 하나님은 어제나 오늘이나 영원히 동일하시므로(히 13:8) 다가올 시대에 충만하게 드러내실 놀라운 영광을 지금도 점진적으로 드러내신다.

아바 아버지, 우리에게 얼마나 많은 것을 주실지 기대합니다. 우리 영혼이 현재의 한계 속에서 견딜 수 있을 만큼 주님을 허락해 주십시오. 우리는 주님을 더 원합니다!

예배는 사업이 아닙니다
예배는 관계입니다

. . . . .

CHAPTER 10

거주하심의
영광

그렇다면 하나님이 우리 중에 세우시는 처소는 어떤 모습일까? 바울은 그 영광스러운 실재를 새 언약의 은혜 아래 드리는 표준적인 회중 예배의 모습으로 묘사했다.

[24] 그러나 만일 여러분이 모두 예언을 한다면, 아직 믿지 않는 사람들이나 새로운 신자들도 그 예언의 말을 듣고 자기가 죄인이라는 사실을 깨닫게 될 것입니다. 그래서 말씀 한마디 한마디가 양심에 찔려, [25] 마음속에 품은 생각을 다 털어놓은 뒤에, 하나님께 엎드려 경배하면서 "하나님께서 여러분 가운데 계시는 것이 분명합니다!" 하면서, 신앙을 고백하게 될 것입니다. (고린도전서 14:24~25, 쉬운말)

하나님이 이 말씀에 나오는 수준의 영광으로 역사하시면 예배에 참석한 거의 모든 사람이 하나님의 즉각적인 임재가 얼마나 깊은지 분명하게 알 수 있다. 심지어 불신자도 하나님이 자녀들 중에 계신다는 사실을 깨닫고 압도당한다.

불신자들이나 영적인 지식이 없는 사람들이 하나님의 임재를 인식할 수 있는 주된 방법은 성령의 은사인 예언이다. 성령님이 불신자의 마음에 있는 비밀을 공개적으로 드러내시는 것은 그의 죄를 폭로해서 망신을 주려는 것이 아니라 오히려 불신자도 모르는 마음속 가장 깊은 갈망을 밝히 나타내시는 것이다. 그러므로 불신자는 예언의 은사를 통해 불현듯 깨닫는다. "하나님이 나를 아시는구나! 내가 어디 사는지, 내가 무슨 생각을 하는지, 내 소망과 꿈도 아시다니! 하나님이 바로 지금 여기 계시구나!" 불신자의 마음에 확신과 믿음이 임한 결과 하나님께 엎드려 경배한다.

여러분이 출석하는 교회 예배에 언제 마지막으로 불신자들이 얼굴을 땅에 대고 엎드려 예배했는가? 사실 이런 사건은 현재의 임재 중심 예배에서는 거의 일어나지 않는다. 하지만 앞으로 영광스러운 거주하심의 때가 오면 마음이 돌처럼 단단하고 고집 세며 냉소적인 데다 제멋대로인 죄인들조차 우리 예배에 우주를 지으신 전능하신 하나님이 함께하신다는 것을 깨닫고 엎드려 울부짖게 될 것이다. 우리는 이때를 위해 지금부터 준비해야 한다.

계속해서 바울은 불신자가 '하나님이 참으로 너희 가운데 계신다 전파하리라'라고 말할 것이라고 한다. 불신자는 집에 돌아가서 가족과 친구들에게 이렇게 말할 것이다. "얘들아, 나는 그냥 교회 예배에 가서 앉았다 돌아올 생각이었어. 그런데 막상 가보니 거기에 하나님이 계시더라고. 너무 놀라서 죽는 줄 알았어! 그런데 하나님이 나에게 말씀하시기 위해 예배 전체를 멈추셨어. 정말 굉장했다고. 내가 오늘 아침에 한 말을 하나님이 다 알고 계셨어. 정말 하나님은 우리가 말하는 모든 단어와 생각을 아시는 분이야. 아직도 몸이 떨리네. 하나님을 만나고 싶으면 그 교회로 가. 하나님이 거기 계셔!"

열정적인 신자들이 집회를 마치고 나가면서 하나님을 소리 높여 찬양하는 모습은 어찌 보면 당연하지만, 돌처럼 차가운 불신자들이 집회를 마치고 나가면서 "하나님이 여기 계시다!"라고 말할 때는 뭔가 특별한 일이 일어났다는 의미이다.

하나님이 주의 자녀 중에 처소를 세우시면 우리가 어떤 상태로 주님께 나아오든지 상관없이 하나님의 임재에 영향을 받는다. 몹시 화가 났거나, 슬프거나, 기쁘거나, 지루하거나, 짜증이 났거나, 비판적이거나, 주의가 산만하거나, 차갑거나 뜨거울 수도 있다. 우리 감정이 어떻든지 하나님의 영광이 나타나면 예배가 이전과 완전히 다른 것을 확실히 느낄 수 있다. 이유는 단순하다. 하나님의 영광이 우리 예배에 함께 하시기 때문이다.

다가올 영광

나는 지금 하나님이 회중 예배를 완전히 새로운 차원으로 끌어올릴 준비를 하신다는 점을 강조하고 있다. 우리는 너무 오랫동안 불신 속에 살았기 때문에 하나님의 영광이 집회에 임하신다는 사실을 잘 믿지 못한다. 하지만 요엘 선지자가 예언한 일, 하나님의 영광이 임할 날이 다가오고 있다(욜 2:28~32).

하나님은 전례 없는 방법으로 모든 육체에 성령을 부으실 것이다. 감사하게도 이미 주님은 어느 정도 우리에게 성령을 부어주셨다. 하지만 머지않아 훨씬 더 큰 성령의 부어주심이 우리에게 임할 것이다.

하나님이 우리 중에 거주하실 때, 우리 교회 건물은 대추수를 다 감당할 수 없다. 전 세계의 경기장에서 집회가 열리고 사람들이 하나님을 만나기 위해 사방에서 몰려들 것이다. 순식간에 축구 경기장이 기도의 집으로 변할 것이다.

다가올 영광에 따르는 일 중 하나로 하나님의 자녀들 사이에 천사들의 활동이 더욱 활발해질 것이다. 이것은 성경에 기록된 지극히 성경적인 천사들의 임무다.

모든 천사들은 섬기는 영으로서 구원받을 상속자들을 위하여 섬기라고 보내심이 아니냐 (히 1:14, 개정)

찬양하는 천사들

나는 다시 한번 천사들이 우리 예배 모임에 참여할 날이 머지 않았다고 믿는다. 아마 여러분은 "'다시 한번'이라고요? 천사들이 우리 회중 예배에 참여한 적이 있었나요?"라고 질문하고 싶을 것이다. 내 대답은 "그렇다"이다.

홀연히 수많은 천군 천사가 목자들에게 나타나 독특하고 매력적인 찬양을 부르며 그리스도의 탄생을 알렸다. 이 노래의 가사는 이전에 성경에 나온 적이 없었다.

> 지극히 높은 곳에서는 하나님께 영광이요 땅에서는 하나님이 기뻐하
> 신 사람들 중에 평화로다 하니라 (눅 2:14, 개정)

이 노래는 말 그대로 천사들의 합창이었다. 신약성경의 다른 곳에서 한 번 더 비슷한 노래가 나오는데, 이때에도 천사의 활동으로 말미암은 권능이 역사한다. 바로 그리스도께서 예루살렘에 입성하실 때 모인 무리가 소리 높여 하나님을 찬양할 때이다. 군중은 나귀를 타신 예수님이 오시는 길에 옷을 깔고 종려나무 가지를 흔들며 "하늘에는 평화요 가장 높은 곳에는 영광이로다 하니"(눅 19:38)라고 노래했다. 어떤가? 천사들이 목자들에게 나타나 부른 노래와 놀랍도록 비슷하지 않은가?

만일 여러분이 예수님의 승리의 예루살렘 입성에 천사가 참여했다는 메시지를 들은 적도, 이런 생각을 해본 적도 없었다면 다시 한번 성경의 기록을 살펴보는 것이 도움이 될 것이다.

> [37] 이미 감람산 내리막길에 가까이 오시매 제자의 온 무리가 자기들이 본 바 모든 능한 일로 인하여 기뻐하며 큰 소리로 하나님을 찬양하여 [38] 이르되 찬송하리로다 주의 이름으로 오시는 왕이여 하늘에는 평화요 가장 높은 곳에는 영광이로다 하니 [39] 무리 중 어떤 바리새인들이 말하되 선생이여 당신의 제자들을 책망하소서 하거늘 [40] 대답하여 이르시되 내가 너희에게 말하노니 만일 이 사람들이 침묵하면 돌들이 소리 지르리라 하시니라 (눅 19:37~40, 개정)

이 사건은 군중이 모인 예배에 담긴 추진력을 보여준다. 마태는 "온 성이 소동하여"라고 기록할 정도였다(마 21:10). 군중의 찬양에 담긴 힘이 매우 강렬했기 때문에 바리새인 중 일부가 군중의 기세가 혹시나 자기들에게 불리하게 흐를지 걱정하여 예수님께 멈춰달라고 요구했다.

생각해 보면 이 "성전 입성" 예배에 이렇게 강력한 힘이 넘치는 것은 자연스러운 일이 아니었다. 왜 그런지 몇 가지 이유를 살펴보자. 먼저 이 예배의 장소는 야외였다. 만일 이 글을 읽는 분 중에 야외에서 예배를 인도한 경험이 있는 인도자나 예배팀이라면, 야외 회중 예배가 얼마나 어려운지 잘 알고 있을 것이다. 탁 트인 야외에는 예배자들의 목소리를 반사해 줄 벽이 없기 때문에 다른 사람의 찬양 소리가 들리지 않아 자연스럽게 목소리가 움츠러들게 된다. 그래서 야외 회중 찬양은 상당히 어려운 일이다.

게다가 음향 시스템도 없었다. 야외 예배 콘서트는 강력한 음향 시스템이 있으면 가능하지만, 예배팀의 소리를 멀리까지 전달할 음향 시스템이 없으면 사실상 불가능하다.

하지만 예루살렘 입성 사건에는 더 큰 문제가 있었다. 예배 인도자가 없었기 때문이다. 아무도 예배를 계획하지 않았고 아무도 어떤 노래를 부를지 선곡하지 않았으며, 아무도 회중을 이끌기 위해 예배를 인도하지 않았다.

여기에 악기 연주도 없었다는 사실까지 더해졌다. 마이크, 스피커, 싱어, 악기 연주자, 예배 인도자, 선곡 목록, 음향 시스템도 없었다. 이 모든 걸 합치면 결론은 하나뿐이다. 이 예배는 애초부터 끔찍한 실패로 끝날 운명이었다. 이렇게 많은 실패의 이유로도 부족한 듯이 바리새인들이 불쾌한 표정으로 얼굴을 찡그리고 화를 내면서 군중의 찬양을 당장 중단하라고 윽박지르고 있었다.

그러나 이렇게 많은 방해에도 찬양은 폭발적이었다. 예수님이 직접 "만일 이 사람들이 침묵하면 돌들이 소리 지르리라"라고 말할 정도로 분위기가 뜨거웠다.

불가능한 상황에도 이렇게 역동적인 찬양의 폭발이 일어난 이유는 무엇인가? 내가 생각하는 가장 합리적이고 성경적인 답은 단 하나, 천사들 때문이다. 천사들이 찬양했다. 천사들이 군중에게 '하늘에는 평화요 가장 높은 곳에서는 영광이로다'라는 가사로 불을 붙였고 찬양의 영을 불어 넣었다. 영적인 권능이 너무 강했기 때문에 만일 사람들이 입을 다물었다면 정말 돌들이라도 소리쳤을 것이다.

내가 경험한 천사의 활동

나는 천사들의 실제를 조금이나마 체험했던 한 집회를 기억한다. 1986년, 29살의 목사이자 예배 인도자던 나는 내가 속한 교단에서 주최하는 연례 목회자 컨퍼런스에서 예배팀을 구성해서 예배를 인도해 달라는 부탁을 받았다. 컨퍼런스 강사로는 당시에 치유 사역으로 신자들을 변화시키는 은사로 유명한 존 윔버 목사님이 초청받았다. 나는 존 윔버 목사님의 이야기를 많이 들었지만 직접 만나본 적은 없었기 때문에 많이 기대했다.

나는 아직도 컨퍼런스 집회 첫날 밤을 잊지 못한다. 집회장에는 기대감이 가득했고 공기 중에는 마치 전기가 흐르는 것 같았다. 내가 피아노로 예배를 시작하는 첫 곡의 코드를 누르자 집회장은 말 그대로 영적으로 폭발했다. 우리는 곧바로 11킬로미터

상공으로 올라간 것 같았다. 활주로를 달리는 이륙 과정이나 상승 곡선 없이 우리는 순식간에 성층권에 들어섰으며 주님의 보좌 앞에 나아갔다. 당시에 겨우 20대의 예배 인도자였던 나는 그 순간 최고조의 흥분을 경험했다.

나는 마치 고성능 스포츠카 운전석에 앉은 청소년이 된 기분이었다. 가속 페달을 살짝만 밟아도 엔진이 굉음을 내며 힘차게 달릴 준비를 하는 것 같았다. 나는 믿을 수 없을 만큼 강력한 주님의 권능을 느꼈기 때문에 예배 인도자로서 방향을 잘못 잡는 것이 거의 불가능하다는 사실을 깨달았다. 어떤 곡이든 피아노 음 하나만 쳐도 11킬로미터 위 하늘에 있는 것 같았다.

솔직히 내가 그 순간에 느낀 권능은 정말 대단했다. 마치 예배를 내 손에 쥐고 있어서 어떤 노래를 부르든 상관없이 최고조에 달할 것 같았다.

나는 한편으로 이 컨퍼런스의 열기와 예배에서 느껴지는 권능을 내가 만든 것이 아니라고 계속 되뇌었다. "지금 내 예배 인도 능력보다 더 큰 일이 일어나고 있어." 하지만 마음 저편에 본능적인 생각까지 차단할 수는 없었다. "그렇지만 올해 목회자 컨퍼런스 책임자들이 나에게 예배 인도를 요청한 건 분명히 현명한 선택이었군." 나도 모르게 마음속에서 예배의 엄청난 성공의 공로 일부분을 나에게 돌렸다.

지금은 그때보다 훨씬 더 객관적으로 생각할 수 있다. 20여 년이 지난 지금, 나는 그 예배 모임의 열기와 추진력이 나와 내 "멋진 예배 인도 은사"와는 전혀 무관하다는 것을 잘 안다. 그렇다면 그 놀라운 예배의 원인은 무엇이었을까? 나는 천사들 때문이었다고 생각한다. 그 시기에 존 윔버는 어디를 가든 천사들이 함께했다. 천사들은 찬양과 치유(요 5:4), 성도들을 섬기라는 주님의 뜻을 따라(히1:14) 어떤 방식이든 아주 강력하게 역사했다.

나는 그저 하나님의 엄청난 권능에 압도당한 체 피아노 앞에 앉아 있는 한 청년이었으며, 그 순간의 기름 부음을 제대로 감당할 준비도 안 되어 있었다. 나는 예수님께 올바른 노랫말로 찬양하면서 한편으로 우쭐대는 마음도 있었다. 내 마음은 하나님과 개인적인 교제에 집중하려 했지만, 한편으로 희열감에 빠져 우쭐대는 순간 예배 인도는 나에게 일이 되어 버렸다. 나는 예배를 인도하면서 동시에 내가 얼마나 실력 있고 멋진 사람인지 의식했다.

이제 드디어 내 요점에 도달했다. 하나님이 우리에게 약속하신 대로 예배에서 하나님의 영광을 나타내실 때, 예배 인도자들은 강단 위의 영광스러운 광경과 인지도를 자기 유익을 얻기 위해 이용하고 싶은 유혹에 빠질 수 있다. 우리가 주님이 주시는 고난을 통해 연단을 받아 사람들의 관심에서 오는 자아도취와 탐욕을 성숙하게 다룰 수 있어야만 이런 유혹에서 안전할 수 있다.

우리는 가장 영광스러운 날 앞에 서 있다. 하나님은 자녀 중에 처소를 세우시고 교회에서는 눈에 보이는 하나님의 영광을 드러내시며 천사의 활동이 증가하고 기사와 표적과 권능이 나타나며 예언의 영이 교회 위에 머물 것이다. 우리 교회 건물로는 몰려드는 인파를 감당할 수 없으며 전 세계의 모든 경기장이 하나님의 역사가 퍼져 나가는 중심이 될 것이다. 그때 누가 지도력을 발휘할 수 있을까? 매사에 예수님과 지극히 개인적인 관계를 유지한 사람들, 신랑의 진정한 친구들만이 마지막 때의 영광을 안전하게 감당할 수 있다.

다가올 날을 엄숙하게 준비하라

우리는 모두 다가올 영광을 갈망하며 그 영광을 위해 부르짖는다. 우리는 주님의 얼굴에서 뿜어져 나오는 영광과 주님의 권능의 손이 모든 나라가 보는 가운데 이 땅 위에 나타나기를 고대한다. 그러나 이 영광에는 두려운 측면도 있다. 하나님은 우리를 이토록 놀라운 마지막 때의 영광을 감당하기에 합당한 그릇으로 만드는 준비 과정으로 이끄신다. 세례요한처럼 신랑의 친구가 되려면 우리는 반드시 광야에서 연단을 받아야 한다. 세례요한은 이렇게 말했다.

이르되 나는 선지자 이사야의 말과 같이 주의 길을 곧게 하라고 광야
에서 외치는 자의 소리로라 하니라 (요 1:23)

미혼자 세례요한은 왕의 궁정의 내시처럼 예수님을 섬겼다.
세례요한은 자신을 '신랑의 친구'라고 불렀으며 우리는 '영적인
내시'라는 표현도 사용할 수 있다. 두 표현 모두 왕의 유익을 위
해 사심을 버리고 친밀하게 충성하는 마음을 잘 나타낸다.

하나님은 우리가 마지막 때 하나님이 우리를 영광으로 찾아
오실 날을 감당하고 그 영광을 섬기고 전파하는데 합당한 자격을
갖추도록 필요하다면 광야든 칼이든 수단과 방법을 가리지 않으
실 것이다.

예배는 사업이 아닙니다
예배는 관계입니다

·
·
·
·

CHAPTER 11

십자가가
개인적으로 만든다

하나님이 우리를 처음 부르실 때 우리는 성실, 겸손, 온
유, 뜨거운 사랑, 순결한 마음으로 주님을 섬기기 시작
한다. 그런데 우리 대부분은 시간이 지날수록 잡다한 것을 모으
는 경향이 있다. 하나님을 향한 사랑이라는 단순한 마음으로 시
작한 섬김이 종종 전문성, 직위, 승진, 각종 경력이라는 잡다한
것으로 복잡해진다. 우리 육신은 우리도 모르게 모든 것을 사업
과 일로 연결한다. 문제는 이것이 아주 미묘하고 느리게 일어나
서 우리가 잘 알아차리지 못한다는 점이다.

그러나 하나님은 우리와의 관계를 일이 아닌 개인적으로 친
밀한 관계로 유지하는 방법이 있으시다. 그 방법은 바로 십자가
다. 하나님이 우리 삶에 십자가를 적용하시는 순간 우리는 하나

님과 우리 관계를 일이 아닌 개인적이고 친밀한 관계로 받아들일
수밖에 없다.

느부갓네살 왕이 다니엘을 내시로 임명했을 때, 다니엘은 개
인적으로 받아들였다.

에티오피아 여왕 간다게가 내시를 재무관으로 임명했을 때,
내시는 개인적으로 받아들였다.

하나님이 욥의 열 자녀가 죽는 것을 허락하셨을 때, 욥은 개
인적으로 받아들였다.

하나님이 야곱의 환도뼈를 치셨을 때, 야곱은 개인적으로 받
아들였다.

아버지께서 아들을 십자가에 못 박으셨을 때, 예수님은 십자
가를 개인적으로 받아들이셨다.

때때로 하나님은 우리 인생에서 주님과의 관계에 관한 모든
것을 지극히 개인적으로 만드신다.

십자가 고난은 개인적이다

나는 사업가 정신을 가진 교회 지도자들을 볼 때마다, 하나님
이 그들을 어떤 방법으로 사업이 아닌 개인적인 관계로 이끄실지

알기 때문에 불안하거나 걱정하지 않는다. 하나님은 언제라도 그들의 삶에 십자가를 가져오실 수 있다. 만일 주님을 섬기는 사역이 우리에게 사업이 되었다면, 주님이 우리에게 하실 수 있는 가장 친절한 일은 우리를 십자가에 못 박는 것이다.

십자가는 우리에게서 사업 정신을 완전히 뿌리 뽑는 하나님의 방법이다. 십자가에 못 박힐 때 사업가 정신이 완전히 산산조각 난다. 십자가는 사업을 개인적인 관계로 바꾸시는 하나님의 방법이다.

예수님이 십자가를 지셨을 때 모든 것이 예수님께 지극히 개인적인 일이 되었다. 사람들이 예수님을 비난하고 조롱할 때, 예수님은 사람들의 증오를 남의 일이 아니라 자기 일로 받아들이셨다. 마치 지옥에서 올라온 것 같은 군중이 예수님을 향해 달려들었을 때, 예수님은 사람들의 분노를 남의 일이 아니라 자기 일로 받아들이셨다. 아버지께서 예수님을 버리셨을 때, 예수님은 그 고독을 개인적으로 받아들이셨다.

누군가 당신의 손과 발에 못을 박는다고 생각해 보라. 그 일은 더 이상 남의 일이 아니라 자기 일이므로 당신은 십자가를 개인적으로 받아들일 수밖에 없다. "그들이 나를 못 박았어. 그들이 나를 대적하는구나." 하나님이 여러분을 치신다면(겔 7:9), 그것을 개인적으로 받아들여라.

예수님의 부활은 개인적이었다

하나님이 여러분을 수렁에서 구해주실 때 개인적으로 받아들여라. 하나님이 다윗을 구해주셨을 때, 다윗은 그것을 자기 일로 받아들였다.

나를 넓은 곳으로 인도하시고 나를 기뻐하시므로 나를 구원하셨도다

(시 18:19)

예수님의 부활은 자기 아들을 향한 하나님의 기쁨의 표현이었다. 로마서 1:4이 "성결의 영으로는 죽은 자들 가운데서 부활하사 능력으로 하나님의 아들로 선포되셨으니 곧 우리 주 예수 그리스도시니라"라고 말하는 것이 바로 이 점을 가리킨다. 아버지께서 예수님을 부활시킴으로써 예수님이 하나님의 아들임을 선포하셨다.

사도행전 13:33이 이것을 확증한다. 하나님이 아들 예수님을 부활시키셨을 때 실제로 지옥을 향해 큰소리로 선포하셨다. "너는 내 아들이라. 오늘날 내가 너를 낳았도다." 이 소리에 지옥이 흔들렸다! 지옥의 모든 존재가 그 순간 아버지가 아들을 어떻게 느끼고 생각하시는지 깨달았다. 예수님이 부활을 개인적으로 받아들인 것은 당연한 일이다.

욥의 고난은 개인적이었다

욥은 성경에서 십자가와 부활을 모두 경험한 사람이다. 욥이 짊어진 큰 십자가는 익히 잘 알려져 있다. 욥은 하나님이 조율하신 사건을 통해 모든 재산과 생계 수단을 잃었다(종과 양이 죽고, 당나귀와 낙타와 소를 잃었다). 그리고 같은 날, 회오리라는 자연재해로 10명의 자녀를 모두 잃었다. 후에 욥은 발바닥부터 정수리까지 온몸을 뒤덮은 전염성 종기로 건강을 잃었다. 그 시대에 가장 경건한 사람이었던 욥이 갑자기 그 시대에 가장 큰 고통을 받는 사람이 되었다.

욥이 이렇게 극심한 고통을 당한 이유는 사탄이 하나님께 욥을 모함했기 때문이다. 사탄은 이런 논리로 욥을 하나님께 고발했다. "하나님이 욥의 삶을 축복하셨기 때문에 욥이 하나님을 섬기는 겁니다. 욥은 하나님을 섬기는 것이 아니라 하나님의 축복을 섬기고 있습니다. 욥의 믿음은 개인적인 것이 아니라 그저 하나의 사업일 뿐입니다. 욥을 시험하도록 허락해 주시면 제 말이 맞는지 틀린지 아시게 될 겁니다. 하나님이 욥에게 주신 축복을 모두 거두시면 욥은 본색을 보이고 하나님을 저주할 겁니다!" (욥기 1:9~11절의 줄거리를 요약했다.)

하나님은 욥이 일 때문이 아니라 개인적인 이유로 하나님을 섬긴다고 믿으셨기 때문에 사탄의 고발을 받아들이셨다. "사탄아, 네가 욥의 사업을 쳐도 욥은 여전히 나를 사랑할 것이라고 확신한다." 사탄이 욥의 소유를 치도록 하나님이 허락하신 결과 욥은 하루아침에 혼돈과 재앙에 빠졌다.

욥은 영리하고 탁월한 사업가였지만, 하나님이 욥의 사업을 무너뜨리자 갑자기 모든 것이 욥에게 지극히 개인적인 일이 되었다. 욥은 깨달았다. "하나님이 나를 치셨구나. 나를 버리셨어. 하나님이 나를 징계하시는구나."

하나님은 우리를 아무도 도와줄 수 없고 구해줄 수 없는 벼랑 끝으로 모신 후 모든 것을 개인적으로 바꾸신다. "하나님, 다른 누구도 저를 도와줄 수 없습니다. 이제 주님과 저뿐입니다. 주님만이 제 유일한 소망입니다."

나는 하나님이 욥의 소유를 치신 후 누군가가 욥에게 찾아와서 이렇게 말하는 장면을 상상한다. "이보게 욥, 정말 끔찍한 일이 일어났군. 이제 모든 생계 수단과 수입원을 잃었으니 다른 일이라도 해야 하지 않을까? 그러니까 내 말은 남은 아내를 위해서라도 잿더미에만 앉아 있지 말고 내려와서 힘을 내어 일을 시작해야 한다는 걸세."

욥은 이렇게 대답했을 것이다. "나는 일을 완전히 접었어. 이건 더 이상 일이 아니라 하나님과 나의 개인적인 문제일세. 나는 하나님이 나와 대화하실 때까지 이 잿더미 위에 앉아 있을 거야."

욥의 삶은 처참하게 무너졌고 이제 욥이 원하는 것은 단 한 가지, 왕이신 하나님과의 만남뿐이었다. 하나님이 우리에게 상처를 주실 때, 하나님은 우리가 그 상처를 통해 하나님과 개인적인 관계로 나아가기를 원하신다. 우리는 아픔과 상처를 통해 하나님께 말한다.

"하나님, 저와 하나님의 관계를 놓고 대화 좀 해요. 지금 저에게 무슨 일이 일어난 거죠? 저를 보시면서 무슨 생각을 하시나요? 저는 하나님과 저의 관계에서 갈피를 잃었어요. 저는 하나님이 화 나셨다고 느낍니다. 하나님, 저를 어떻게 생각하시는지 직접 듣고 싶어요. 말씀해 주세요. 하나님과 저 사이에 무슨 일이 일어난 거죠?"

'내 종 욥'

욥기의 마지막 장은 우리에게 욥과 하나님 사이에 어떤 결말이 있었는지 깨닫게 한다. 다음은 마지막 장의 한 부분이다.

[7] 여호와께서 욥에게 말씀을 하신 후에 데만 사람 엘리바스에게 말씀하셨습니다. "너와 네 두 친구는 정말 나를 화나게 하였다. 너희들은 내게 욥처럼 옳게 말하지 않았다. [8] 그러므로 이제 너희는 수송아지 일곱 마리와 숫양 일곱 마리를 잡아 내 종 욥에게 가서, 너희들의 죄

를 위해 번제로 바쳐라. 그러면 내 종 욥이 너희를 위해 기도해 줄 것이다. 나는 그의 기도를 듣고, 너희들을 너희 어리석음대로 다루지 않겠다. 너희는 욥과 달리 나에 대해 옳게 말하지 않았다." [9] 그러자 데만 사람 엘리바스와 수아 사람 빌닷, 나아마 사람 소발은 여호와께서 자기들에게 명령하신 대로 하였고, 여호와께서는 욥의 기도를 들으셨습니다. [10] 욥이 자기 친구들을 위해 기도한 이후에 여호와께서는 그를 다시 번성케 하셔서, 그에게 전보다 두 배나 많은 복을 주셨습니다. (욥기 42:7~10, 쉬운)

나는 엘리바스가 욥에게 "욥, 나는 정말 무섭네! 하나님이 방금 나에게 말씀하셨는데 무서워서 어찌할 바를 모르겠어."라고 말하는 소리가 들린다. 욥은 이렇게 대답하지 않았을까? "글쎄, 나 말고 다른 사람에게서 하나님이 무섭다는 말을 들으니 기분이 좀 나아지는군. 나만 그런 게 아니라서 정말 다행이야."

엘리바스가 계속해서 말한다. "욥, 나 정말 심각하다고. 나는 완전히 망했어! 하나님이 나와 빌닷과 소발이 자네처럼 하나님에 관해 올바르게 말하지 않았기 때문에 화가 나셨다고 말씀하셨어. 그리고 자네가 우리를 위해서 기도하지 않으면 우리 어리석음에 따라서 벌을 내리신다고 하셨단 말일세. 욥, 난 정말 무서워! 제발, 제발, 제발 우리를 위해 기도해 주게!"

성경에 이 대화의 일부분이 나온다. 이제 나는 성경 본문에는 없지만 충분히 일어났을 법한 가상의 대화를 제시한다.

엘리바스의 간청에 욥은 이렇게 말했다. "물론이지 엘리바스. 기꺼이 자네를 위해 기도하겠네. 하지만 그전에 하나만 질문해도 괜찮을까?"

엘리바스가 대답한다. "물론이지. 궁금한게 뭔가?"

욥이 질문한다. "혹시 하나님이 자네에게 말씀하실 때 내 이름을 부르셨나?"

엘리바스는 뜻밖의 질문에 잠시 멈칫한 후 대답했다. "음 …. 사실, 맞아. 하나님이 자네 이름을 부르셨네."

욥이 외쳤다. "하나님이 내 이름을 부르셨어?!"

엘리바스가 다시 한번 확답한다. "맞네, 맞아. 하나님은 분명히 '욥'이라고 말씀하셨어. 하지만 이게 다가 아니네. 하나님은 '내 종 욥'이라고 말씀하셨어."

욥은 엘리바스의 대답에 깜짝 놀라서 질문한다. "하나님이 나를 그분의 종이라고 부르셨어?"

엘리바스는 욥의 눈을 바라보며 대답했다. "물론이지, 하나님은 자네를 그분의 종이라고 부르셨네. 무려 4번이나 그렇게 말씀하셨어."

그 말에 욥은 목이 메어 고개를 숙이고 뒤로 한 걸음 물러나면서 대답했다. "잘 알았네."

마침내 욥은 먼 곳을 응시하듯 눈을 들어 하늘을 보며 말했다. "고맙네, 엘리바스. 그게 내가 알고 싶었던 전부야." 욥의 대답을 들은 엘리바스는 생각에 잠긴 채 뒤돌아 천천히 걸어갔다.

하나님이 내 이름을 부르셨다! 욥은 이것으로 충분했다. 그토록 괴롭고 고통스러운 일을 겪은 후에 욥에게 가장 중요한 것은 자신이 여전히 하나님의 소유가 맞다는 사실뿐이었다.

내 이름을 부르시다

만일 우리가 하나님의 친구라면 하나님은 우리도 욥처럼 격렬한 고난의 도가니를 통과하게 하실 수 있다. 이 고난의 도가니는 마치 내시가 자기 삶의 가장 중요한 것을 잘라내어 버리는 것처럼, 그 안에서 우리가 하나님보다 더 중요하게 여기는 일과 사업이 완전히 끊어지고 모든 것이 하나님과 우리 사이에 개인적인 관계로 변할 것이다. 신랑의 진정한 친구들은 시험을 인내하며 신랑을 향한 개인적인 충성을 증명했다.

우리 인생 여정에 엄청난 고난과 참혹한 죽음이 따를지도 모른다. 그러나 하나님의 종의 이야기는 십자가에 못 박히는 것으로 끝나지 않고 부활로 완성된다. 우리 인생이 하나님이 쓰신 이야기라면 그 마지막은 신랑과 신부의 마음이 불타는 친밀함으로 봉인되는 것으로 끝난다.

하나님은 욥의 믿음을 다른 것이 아닌 하나님과의 개인적인 관계로 바꾸시기 위해 치셨지만, 욥의 고난이 남의 일이 아니라 하나님의 아픔이었기 때문에 욥을 다시 일으키셨다. 하나님의 방법은 변하지 않았다. 하나님은 우리와 개인적인 관계를 이루기 위해 우리를 치시겠지만, 우리를 향한 여전한 사랑과 기쁨을 증명하시기 위해 우리를 일으켜 세우실 것이다.

아바 아버지, 결국 제 이름을 부르시고 저를 아버지의 자녀로 삼아주신다면 지금의 고난을 견딜 수 있습니다. 이 고난의 십자가가 아버지와 저를 남이 아닌 개인적인 관계로 연결했습니다. 하나님의 부활의 능력으로 하나님과 제 관계가 하나님이 저를 사랑하시는 것처럼 저도 하나님을 사랑하는 관계가 될 때 제 영혼이 안식을 누립니다.

예배는 사업이 아닙니다
예배는 관계입니다

.
.
.
.

밥 소르기

밥 소르기 목사는 기름 부음 넘치는 예배 인도자이며 손꼽히는 예배 세미나 강사이자 탁월한 피아노 연주가이다. 엘림 성경 학교와 로체스터에 있는 로버트 웨슬리안 칼리지를 졸업했으며 엘림 성경 학교의 음악 감독을 지냈고, 뉴욕 시온 펠로우십 교회에서 13년 동안 담임목사로 사역했다.

목회와 예배 사역에서 활발히 활동하던 1992년 5월의 어느 금요일, 밥은 사역을 마치고 집에 돌아오는 길에 목에 구슬이 걸린 것 같은 극심한 통증을 느낀다. 의사는 '후두 접촉성 육아종'이라는 진단을 내렸고, 이 낯선 이름의 병 때문에 성량의 대부분을 잃고 더 이상 예배 인도와 설교 사역이 불가능한, 삶의 기반이 모두 무너지는 경험을 한다. 밥 소르기 목사는 불같은 시련의 과정을 거친 후 하나님과 회중 앞에서 바울처럼 '고난 받은 것이 내게 유익이라'라는 속사람의 고백을 드림과 아울러 더 깊은 믿음의 차원으로 나아갈 수 있었다. 목소리를 잃고 20년이 흐르는 동안 계속해서 전 세계를 여행하며 약한 성대로 찬양과 말씀을 전하며, 성경을 깊이 묵상하고 연구하며 책을 쓰는 사역에 매진하였다.

부흥을 향한 열정과 예수님을 향한 개인적 친밀함을 전파하는 밥 소르기 목사의 책들은 예배 사역자들에게 필독서로 꼽힌다. 저서로는 《찬양으로 가슴 벅찬 예배》, 《내 영이 마르지 않는 연습》, 《하나님의 불같은 사랑》, 《하나님의 징계》, 《예배의 다음 파도》 등이 있다. 밥과 아내 마시는 3명의 자녀와 6명의 손주와 함께 미주리 주 캔자스시에 살면서 그리스도의 몸 된 교회에 소망을 나누기 위해 국내외를 여행하며 하나님의 말씀을 전하고 있다.

YouTube. com/bobsorge
인스타그램: bob. sorge
홈페이지: www. oasishouse. com
블로그: bobsorge. com
트위터: twitter. com/BOBSORGE
페이스북: facebook. com/BobSorgeMinistry

밥 소르기 출간 도서

《찬양으로 가슴 벅찬 예배》두란노

《돌파하는 믿음》스텝스톤

《영광》예영커뮤니케이션

《불굴의 기도》예수전도단

《내 영이 마르지 않는 연습》예수전도단

《기도 응답의 지연이 주는 축복》은혜 출판사

《부부 문제로 꼼짝 못 하는 사람들에게》규장

《기도하고 싶은데 기도를 어떻게 시작해야 할지 모를 때》규장

 벧엘북스 **도서 안내**

승리의 종말론 / 값 16,000원

주님의 몸 된 교회는 계속해서 주님의 영광을 향해 성장하며
더욱 더 연합되어 이전에 보지 못한 하나님의 권능을 나타내고,
사탄은 결단코 이 세상을 장악하지 못할 것이다.
우리 주 예수 그리스도께서 만주의 주, 만왕의 왕으로서
모든 대적을 그 발아래 굴복시키실 것이다!

하나님의 불같은 사랑 / 값 13,500원

이 책은 저자의 베스트셀러 <기도 응답의 지연이 주는 축복> 의
후속편으로, 하나님께서 사랑하는 교회에 어떻게 역사하시는지
알려준다. 하나님의 불같은 사랑을 경험하고, 성경에서 가장 영광
스러운 주제인 "하나님의 사랑"을 깊이 묵상하라.

다윗의 세대 / 값 10,000원

다윗의 세대는 마지막 때에 성령님께서 기름부으신 예배자요
영적 용사의 세대이며 여호수아 세대가 시작한 하나님의 일을
완성하는 세대이다. 저자는 8개의 주제를 통해 다윗의 세대의
특징을 효과적으로 설명한다.

예언적 예배의 능력 / 값 9,000원

하나님 앞에 예언적 예배로 나아가려면 성령님과 친밀한 관계를
유지해야 하며, 성령님은 모든 예배마다 독특한 흐름으로 우리를
인도하신다. 성령님의 인도하심과 지휘를 따라갈 때 우리 삶에
하나님의 임재를 통한 성장과 성숙의 축복이 임한다.

지성소 / 값 10,000원

성령님께서 지금 이 시간 그리스도의 거룩한 신부들이 지성소로
들어가도록 부르신다. 하나님께서 가장 높고 은밀한 지성소에서
천국의 사명과 계시, 하나님의 뜻과 거룩한 부르심을 주시고,
이것을 성취할 수 있는 권능을 주신다!

중보적 예배 / 값 13,500원

우리가 예배와 중보기도를 음악과 하나로 모을 때, 이 땅 위에
하나님의 계획과 목적이 더 충만하게 나타날 것이다. 이 책은
깊은 예배와 강력한 기도와 탁월한 음악의 능력이
함께 어우리지도록 돕는다.

참된 예배자의 마음 / 값 8,500원

이 책의 저자 켄트 헨리는 지난 40년간 예배를 인도하고
예배자를 훈련하는 일에 헌신해왔다.
이 책을 통해 참된 예배자의 마음을 더 깊이알고 살아가게 될
것이다.

하나님의 임재를 갈망하는 예배자 / 값 10,000원

샘 힌 목사는 어떻게 예배를 통해 하나님의 임재 안으로
들어갈 수 있는지 친절하게 알려 준다. 예배 가운데 주님게 초점을
맞추고 하나님의 영광과 은혜로 자기 자신을 보기 시작할 때,
당신은 가장 놀라운 변화를 경험하게 될 것이다.

[개정판] 예배는 사업이 아닙니다. 예배는 관계입니다.

지 은 이 : 밥 소르기
옮 긴 이 : 벧엘북스 편집부
표   지 : 조종민
펴 낸 이 : 한성진
펴 낸 날 : 2024년 6월 24일
펴 낸 곳 : 벧엘북스 BETHEL BOOKS
등   록 : 2008년 3월 19일 제25100-2008-000011호
주   소 : 서울시 강남구 봉은사로71길 31 한나빌딩 지층
웹사이트 : www.facebook.com/BBOOKS2 또는 벧엘북스로 검색
도서문의 : 070-8623-4969, 010-9897-4969
총   판 : 비전북 031-907-3927
I S B N : 9788994642420(03230)

IT'S NOT BUSINESS

IT'S PERSONAL